프로의 감각이 몸에 착! 붙는

디자인의 기본

프로의 감각이 몸에 착! 붙는

디자인의 기본

기무라 히로아키 지음 | **황혜연** 옮김

정보정리

레이아웃

타이포그라피

배색

사진·일러스트

장식

시그마북스
Sigma Books

프로의 감각이 몸에 착! 붙는
디자인의 기본

발행일 2026년 5월 1일 초판 1쇄 발행
지은이 기무라 히로아키
옮긴이 황혜연
발행인 강학경
발행처 시그마북스
마케팅 정제용
에디터 최연정, 최윤정, 양수진
디자인 정민애, 강경희, 김문배

등록번호 제10-965호
주소 서울특별시 영등포구 양평로 22길 21 선유도코오롱디지털타워 A402호
전자우편 sigmabooks@spress.co.kr
홈페이지 http://www.sigmabooks.co.kr
전화 (02) 2062-5288~9
팩시밀리 (02) 323-4197
ISBN 979-11-6862-474-0 (13000)

시작하며

디자인을 잘하려면 타고난 감각이 필요하다고 여기기 쉽지만, 반드시 그렇지는 않다. 디자인 작업에는 참고할 만한 포인트나 요령이 아주 많다. 그런 지식을 익혀나가다 보면 감각은 자연스럽게 몸에 배고, 보기 좋으면서 이해도 잘되는 디자인을 만들 수 있게 된다.

이 책은 좋은 디자인을 위한 7가지 기본 지식을, 풍부한 예시로 알기 쉽게 설명한다. 신입 디자이너를 비롯하여 디자인 입문자나 디자인에 관심 있는 사람까지, 간단하고 직관적으로 '디자인의 기본'을 배울 수 있다.

또한 응용편으로서, 무수히 많은 디자인 스킬과 표현 방법 중에 특히 유용하거나 알아두면 도움이 될 것들을 엄선하여 소개한다. 아이디어가 필요하거나 완성도를 높이고 싶을 때 매우 유용할 것이다.

디자인 작업은 고민과 난관의 연속이다. 벽에 부딪힌 순간 믿고 의지할 파트너로서, 이 책이 독자 여러분의 힘이 된다면 진심으로 기쁘겠다.

기무라 히로아키

차 례

Part 1 디자인을 시작하기에 앞서

Part 2 좋아 보이는 레이아웃의 비결

이 책을 활용하는 방법

이 책은 디자인의 기초부터 바로 응용할 수 있는 기술까지, 다양한 예시를 이용해 쉽게 해설한다. 먼저 예시를 보고 무엇이 문제인지, 어떻게 하면 나아질지 고민하면서 읽어 나간다면 이해가 더욱 깊어질 것이다.

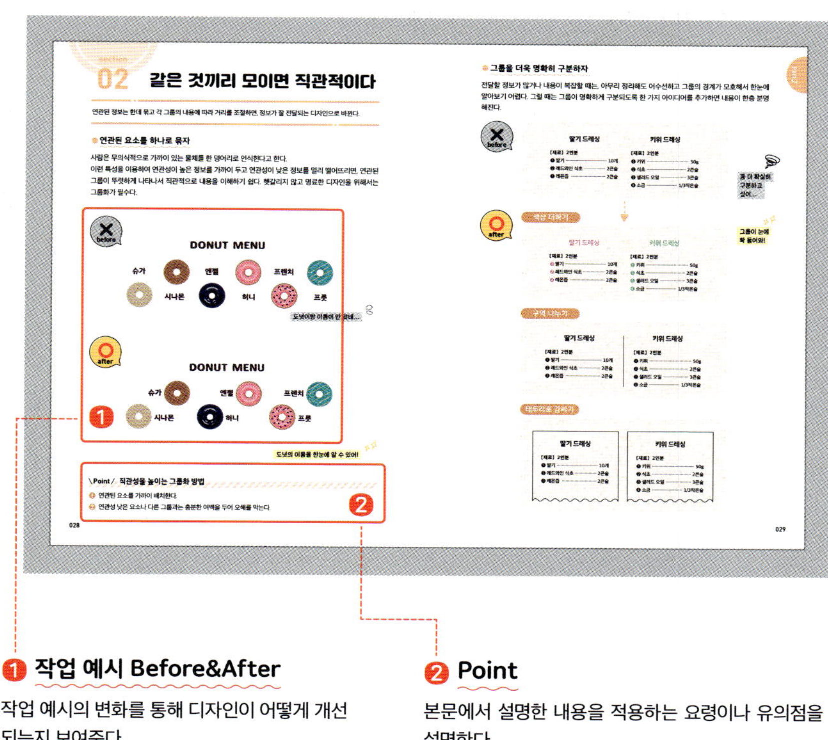

❶ 작업 예시 Before&After

작업 예시의 변화를 통해 디자인이 어떻게 개선되는지 보여준다.

❷ Point

본문에서 설명한 내용을 적용하는 요령이나 유의점을 설명한다.

Level Up

본문에서 설명한 내용의 응용 아이디어나 활용도 높은 패턴을 선별하여 소개한다.

제작 MEMO

디자인에 관한 토막 지식이나 작업에 대한 조언 등 알아두면 유용한 정보를 실었다.

❸ 디자인 기법을 활용한 작업 예시

디자인에 일상적으로 활용할 수 있는 디자인 스킬이
나 표현 방법을 예시로 보여준다.

❹ 응용 디자인 사례

앞서 배운 기본 기법과 테크닉을 적용한 작업 사례
를 모았다. 본문 내용을 더 깊이 이해할 수 있을 뿐만
아니라 아이디어를 떠올리는 데도 도움이 된다.

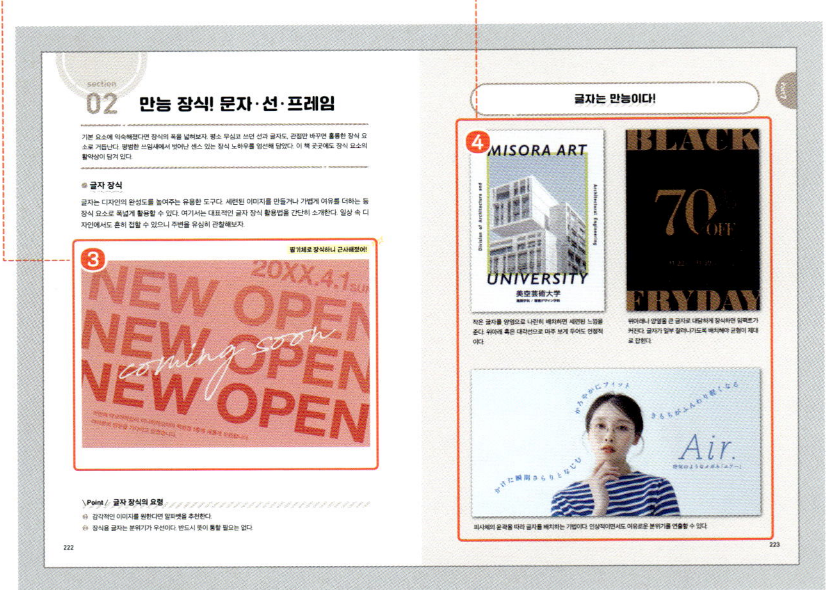

BONUS

실무에 바로 적용할 수 있는 유용한 디자인 아이디
어를 담았다.

COLUMN

디자인에 관한 짧은 이야기나 작업물의 퀄리티 향상
에 도움이 되는 팁을 실었다.

이용 시의 유의사항

- 이 책에 실린 예시는 모두 책을 위해서 만든 것이다.
- 이 책의 예시에 등장하는 인물, 회사, 상품, 캠페인, 특집, 이벤트, 일시, 주소, 전화번호, URL, 이메일 주소 등
  은 모두 가상의 설정이며 실제와는 무관하다. 이 책에 예시에 사용한 이미지는 Pixabay(https://pixabay.com/ja/),
  photoAC(https://www.photo-ac.com/)에서 제공한 것이다.
- 이 책의 예시에 사용한 일러스트는 일러스트AC(https://www.ac-illust.com/), Freepik(https://jp.freepik.com/)에
  서 제공한 것이다.
- 이 책에 기재한 CMYK 및 RGB 값은 참고용이며, 실제 인쇄 및 디스플레이 환경에 따라 다르게 보일 수 있다.
- 이 책에서 소개하거나 예시에 사용한 서체는 일부 무료 서체를 제외하고 Adobe Fonts(https://fonts.adobe.com/)
  에서 제공한 것이다.

디자인을
시작하기에 앞서

디자인의 기준을 세우자

디자인을 하려고 생각하자마자 곧바로 작업부터 시작한다면 어떨까? 막연한 이미지만으로 작업하면, 이리저리 헤매다가 결국 목표와는 전혀 다른 결과를 마주하게 된다. 구체적인 기법을 배우기에 앞서 디자인의 기준을 잡아 보자.

● 좋은 디자인이란?

좋은 디자인이란 무엇이라고 생각하는가? 멋있는 디자인, 눈에 띄는 디자인, 지금까지 본 적 없는 새로운 디자인…. 모두 좋은 디자인이라고 할 법하다.

하지만 사실 이런 특징만으로는 좋고 나쁨을 판단할 수 없다. 디자인의 좋고 나쁨은 멋이나 새로움이 아니라 목적에 부합하는지에 따라 결정된다. 극단적으로 말해서 아주 못생긴 디자인이라도 **목적에 딱 들어맞는다면 좋은 디자인**이라고 할 수 있다.

● 무엇을 위한 디자인인가?

그렇다면 디자인의 목적은 무엇일까?

디자인의 목적은 **클라이언트 또는 사업의 의도를 반영하여 실현하거나, 문제를 발견하고 해결책을 제시하는 것**이다. 이를테면 어려운 내용을 알기 쉽게 전하거나, 새로운 상품을 기억에 남도록 만들거나, 고객을 매장으로 이끄는 것도 디자인의 목적이 된다. 그리고 디자인은 목적을 달성하기 위한 수단이다.

'무엇을 위해 디자인하는가'를 명확히 정해두는 과정은 디자인 작업에서 매우 중요하다.

왜냐하면 색, 서체, 일러스트, 사진 등을 선택할 때 **이 목적이 언제나 기준**이 되기 때문이다. 디자인의 목적이 흔들리지 않으면 작업 과정에서 고민이 줄어들고, 결과물의 퀄리티도 확실히 높아진다.

정보를 정리하자

그렇다면 좋은 디자인을 만들기 위해서, 디자인의 목적과 그에 맞는 접근 방법을 정리해보자. 구체적으로 말하면 '어떤 결과를 얻기 위해서, 누구에게, 무엇을, 어떤 형태로 전달할지'를 차례대로 정리하면 된다. "목표를 달성하려면 어떻게 해야 할까?"라는 질문을 던지며 목표에서부터 되짚어가는 것이 요령이다.

\ 달성해야 하는 목표가 뭐지? /

1 어떤 결과를 얻고자 하는가?

디자인으로 무엇을 이루고 싶은지, 목표를 정한다.

방문객 유입
할인 행사에
많은 고객을 부르고 싶다

참여 확대
캠페인 참여율을
높이고 싶다

서비스 인지
서비스의 존재를
알리고 싶다

\ 대상은 어떤 사람일까? /

2 누구에게?

어떤 사람을 타깃으로 디자인할지,
어떤 사람을 대상으로 삼아야 효과적일지를 명확히 설정한다.

20대·남성
회사원 1인 가구

30대·여성
시간제 근무 육아 중

50대·남성
경영인 골프 좋아함

60대·여성
남편과 둘이서 생활 여행 좋아함

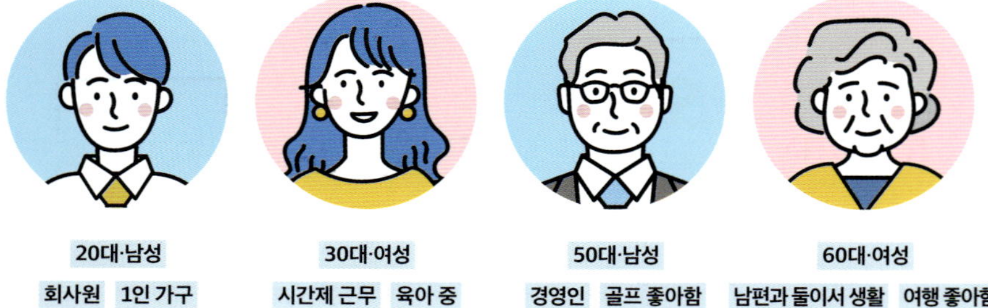

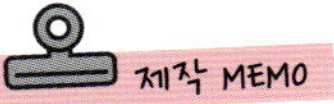

● **의뢰에 따라 조건이 바뀐다**

클라이언트나 예산 등에 따라 일부 항목이 제한되거나 미리 지정될 때도 있다. 그렇더라도 한정된 조건 안에서 무엇이 최선인지 고민하며 정리하는 것이 중요하다.

가장 먼저 전할 내용을 선택한다.

그밖에 일시, 장소 등 상세한 정보는 항목으로 정리하고 중요도를 매기면 구성이 쉬워진다.

타깃에게 효과적으로 정보를 전달하기 위해서는,

어느 시점에 어떤 표현과 수단으로 접근해야 좋을지 판단해야 한다.

타깃의 라이프스타일이나 취향을 설정해보는 것도 좋은 방법이다.

우편물　　　전단·포스터

배너 광고

스케치로 구성을 잡자

목적과 정보를 다 정리했다면 다음으로 스케치에 들어갈 차례다.

디자인 작업은 전체 이미지를 먼저 만들고 점차 범위를 좁혀나가야 매끄럽게 진행된다. 처음부터 컴퓨터 앞에 앉아버리면, 전체적인 그림을 보지 못하고 디테일에만 매몰되어 헤매기 십상이다. 스케치를 하면 구성이 잡히고, 결과적으로 작업 속도가 빨라진다.

● 정리와 확인

미용실 전단을 예제 삼아 스케치해보자. 작업 방식의 한 예시일 뿐이니 가벼운 마음으로 따라오면 된다. 우선 앞 페이지에서 설명했듯 정보를 먼저 정리해보자. 어떤 목적으로 누구에게 무엇을 전달할지 결정하고, 원고와 대조하며 이미지를 점차 구체화하자.

디자인의 목적

1주년 기념을 계기로 휴면 고객의 재방문을 유도한다.

원하는 결과

휴면 고객의 재방문

과거에 방문한 고객이 매장을 다시 찾게 하고 싶다

타깃

주 고객층인
20~30대 여성

전할 메시지

할인

전하는 방법

단면 전단 발송

원고 내용

✓ 매장 로고   ✓ 1st Anniversary(제목)   ✓ All Menu 20%off(쿠폰)

✓ 고객님 덕분에 우리 미용실이 오픈 1주년을 맞이했습니다. 늘 감사한 마음을 담아, 작은 정성으로 특별 쿠폰을 준비했습니다. 고객님의 방문을 기다리고 있겠습니다.(본문)

제작 MEMO

● 스케치란?

스케치란 디자인의 밑그림을 뜻한다. 러프라고도 하며, 대략적인 레이아웃을 잡아서 아이디어를 검토하거나 클라이언트에게 이미지를 전달하기 위해 그린다. 작업 방식은 디자이너마다 제각각이지만 노트에 손으로 가볍게 그려나가는 방식이 가장 간편하다.

● 여러 방향에서 비교하자

스케치 단계에서는 세세한 부분에 연연하지 않고 전체적인 흐름만 그려도 충분하다. '목적을 달성하려면 무엇을 강조해야 할지'를 고려하며 여러 각도에서 그리고 비교한다. 예제에서는 1주년이 핵심이니 **그동안의 실적과 실력**을 강조하는 방향으로 진행한다.

방향성이 정해졌다면, 이번에는 레이아웃을 다양하게 바꿔가면서 어떤 표현이 좋을지 스케치로 시험해
본다. '메시지가 명확히 전달되는가?'를 고려하며 표현과의 균형을 체크한다.

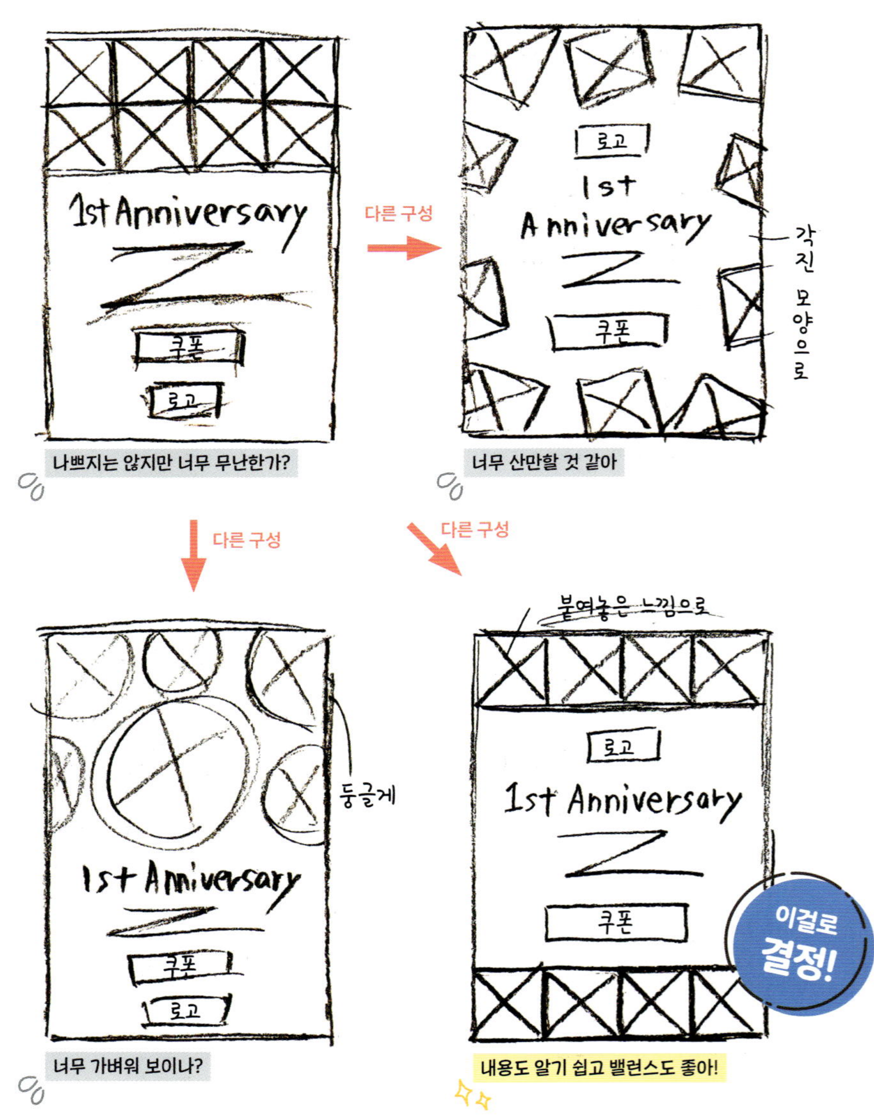

● 프로그램으로 스케치를 구현하자

구성이 대강 잡혔다면, 스케치를 바탕으로 디자인 프로그램에서 작업한다. 이미지 소스와 원고를 얹어보며 자리를 잡고 디테일을 다듬어 완성한다.

이처럼 스케치 과정을 거치면 아이디어가 가시화될 뿐만 아니라, 어색한 부분이나 유의할 점을 파악하기도 쉬워서 작업에 큰 도움이 된다.

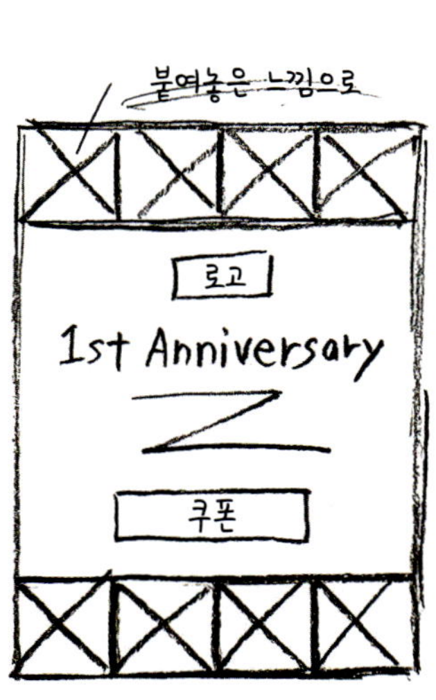

스케치를 바탕으로
가배치

디테일을 다듬으며
완성도 높이기

디자인을 살리는 최고의 조력자

정보를 명확히 정리하고 목적에 맞게 디자인했는데도, 정작 타깃에게 와닿지 않는 결과물로 끝날 때가 종종 있다. 작업 도중에 어색한 점을 알아채고 바로잡으면 다행이지만, 골치 아프게도 디자이너 본인이 가장 눈치채기 어렵다.

그런 일을 막기 위해 완성한 디자인은 반드시 다른 사람에게 보여주는 것이 좋다. 30대 여성을 겨냥한 디자인이라면 30대 여성에게, 60대 남성에게 맞춘 디자인이라면 60대 남성에게, 대상으로 삼은 타깃층과 일치하는 사람에게 보여주는 것이 가장 이상적이다.

이때 디자인의 의도나 내용을 구체적으로 전달하지 않은 상태에서, 디자인을 접한 순간의 첫인상이 어떤지 솔직한 감상을 들어보자. "좀 더 낮은 연령대를 대상으로 만든 것 같아", "글자가 작아서 읽기 힘들어", "지도가 있으면 좋겠어"와 같은 피드백을 통해서 미처 알아채지 못한 깨달음과 힌트를 얻을 수 있다.

특히 시력과 색각이 저하되기 쉬운 노년층 대상 디자인이라면, 글자 크기나 색의 선명도 등 다양한 측면에서 섬세한 배려가 꼭 필요하다. 디자인을 실제로 당사자에게 보여주면 피로감을 주지는 않는지, 메시지는 제대로 전달되는지 직접 확인할 수 있다.

타깃에 맞춰 유연하게 디자인을 구현하기란 전문가라도 쉽지 않다. 그럴 때 가장 든든한 존재가 바로 제삼자다. 그들은 디자이너에게 최고의 조력자다.

좋아 보이는
레이아웃의 비결

시선을 사로잡는 정렬의 기술

정보를 가지런히 정렬하기만 해도 전달력이 높아지고 깔끔한 인상이 살아난다. 내용이 많거나 산만해 보여서 고민이라면 정렬이 제대로 되었는지 먼저 확인하자.

● 디자인 요소를 정리하자

보는 사람에게 정보를 명확히 전달하기 위해서는 정리와 정렬이 매우 중요하다. 우선 개체의 왼쪽과 위쪽을 각각 일직선이 되도록 정렬해보자. 또한 같은 열에 배치할 사진은 크기를 맞추는 것이 기본이다.

들쭉날쭉해서 어수선해...

줄을 맞추니 보기 쉽고 깔끔해!

\Point / 사진을 고를 때는 이렇게!

❶ 사진의 밝기와 채도를 맞추면 한결 조화롭다.

❷ 사진의 크기와 비율뿐만 아니라 카메라 앵글까지 비슷하게 맞추어야 통일성이 생긴다.

● 정렬의 왕도, 왼쪽 정렬과 가운데 정렬

정렬의 기준에는 여러 가지가 있지만, 그중에서도 왼쪽 정렬과 가운데 정렬을 가장 많이 사용한다. 특히 긴 글을 배치할 때는 글을 읽기 쉬운 왼쪽 정렬이 가장 적합하다. 가운데 정렬은 균형이 잘 잡힌 인상을 주기 때문에 제목이나 각종 배너에 흔히 적용한다. 우선 이 두 가지 방식에 익숙해지고 나면, 다양한 상황에 활용도가 높아서 레이아웃에 대한 고민이 줄어든다.

**가독성 최고,
글이 길어도 피로도가 적어!**

왼쪽 정렬

가장 일반적인 정렬 방식. 각 행의 시작점이 일정해서 시선의 흐름이 자연스럽고 긴 글도 잘 읽힌다.

**글자 수가 적고
안정감이 필요할 때!**

가운데 정렬

좌우 여백이 균등해서 균형감이 돋보인다. 하지만 긴 글에 적용하면 행의 시작점이 계속 바뀌어서 가독성이 떨어진다.

**강조하고 싶을 때.
억지로 쓸 필요는 없어!**

오른쪽 정렬

표지, 밸런스 조정, 강조 포인트, 이미지 캡션 등에 활용하면 효과적일 때가 있다. 하지만 흔히 사용하지는 않으며 난이도가 다소 높다.

● 눈으로 무게중심을 잡자

형태가 제각각인 요소는 프로그램의 기계적인 정렬 기능만으로는 제대로 정렬되어 보이지 않을 수 있다.
아래 예시처럼 여러 일러스트를 가운데 정렬할 때는, 각각의 무게중심을 고려하여 눈으로 보면서 위치를
조정하면 한결 정돈되어 보인다.

\Point/ 무게중심을 잡는 방법

❶ 기본적으로 색상 면적이 넓은 부분을 무거운 영역으
로 인식한다.

❷ 색상 면적이 좁은 부분, 즉 가벼운 쪽으로 개체를 이
동한다.

❸ 가운데 정렬된 것처럼 보인다.

정렬하면 안정감이 살아난다!

디자인 요소의 종류나 수가 많더라도, 정렬을 제대로 맞추어 구성하면 하나의 그룹으로 깔끔하게 정리된다.

카탈로그나 메뉴처럼 여러 그룹의 개체를 배치할 때는, 그룹 사이 간격을 맞추면 시각적으로 조화롭다.

소재의 크기가 다를 때는 간격을 조정하여 정렬된 느낌을 준다.

같은 것끼리 모이면 직관적이다

연관된 정보는 한데 묶고 각 그룹의 내용에 따라 거리를 조절하면, 정보가 잘 전달되는 디자인으로 바뀐다.

● 연관된 요소를 하나로 묶자

사람은 무의식적으로 가까이 있는 물체를 한 덩어리로 인식한다고 한다.
이런 특성을 이용하여 연관성이 높은 정보를 가까이 두고 연관성이 낮은 정보를 멀리 떨어뜨리면, 연관된 그룹이 뚜렷하게 나타나서 직관적으로 내용을 이해하기 쉽다. 헷갈리지 않고 명료한 디자인을 위해서는 그룹화가 필수다.

DONUT MENU

슈가　시나몬　엔젤　허니　프렌치　프룻

도넛이랑 이름이 안 맞네...

DONUT MENU

슈가　시나몬　엔젤　허니　프렌치　프룻

도넛의 이름을 한눈에 알 수 있어!

\ Point / 직관성을 높이는 그룹화 방법

❶ 연관된 요소를 가까이 배치한다.

❷ 연관성 낮은 요소나 다른 그룹과는 충분한 여백을 두어 오해를 막는다.

● 그룹을 더욱 명확히 구분하자

전달할 정보가 많거나 내용이 복잡할 때는, 아무리 정리해도 어수선하고 그룹의 경계가 모호해서 한눈에 알아보기 어렵다. 그럴 때는 그룹이 명확하게 구분되도록 한 가지 아이디어를 추가하면 내용이 한층 분명해진다.

딸기 드레싱

【재료】 2인분
❶ 딸기 ································· 10개
❷ 레드와인 식초 ··············· 2큰술
❸ 레몬즙 ···························· 2큰술

키위 드레싱

【재료】 2인분
❶ 키위 ······························· 50g
❷ 식초 ······························· 2큰술
❸ 샐러드 오일 ···················· 3큰술
❹ 소금 ··························· 1/3작은술

색상 더하기

딸기 드레싱

【재료】 2인분
❶ 딸기 ································· 10개
❷ 레드와인 식초 ··············· 2큰술
❸ 레몬즙 ···························· 2큰술

키위 드레싱

【재료】 2인분
❶ 키위 ······························· 50g
❷ 식초 ······························· 2큰술
❸ 샐러드 오일 ···················· 3큰술
❹ 소금 ··························· 1/3작은술

구역 나누기

딸기 드레싱

【재료】 2인분
❶ 딸기 ································· 10개
❷ 레드와인 식초 ··············· 2큰술
❸ 레몬즙 ···························· 2큰술

키위 드레싱

【재료】 2인분
❶ 키위 ······························· 50g
❷ 식초 ······························· 2큰술
❸ 샐러드 오일 ···················· 3큰술
❹ 소금 ··························· 1/3작은술

테두리로 감싸기

딸기 드레싱

【재료】 2인분
❶ 딸기 ································· 10개
❷ 레드와인 식초 ··············· 2큰술
❸ 레몬즙 ···························· 2큰술

키위 드레싱

【재료】 2인분
❶ 키위 ······························· 50g
❷ 식초 ······························· 2큰술
❸ 샐러드 오일 ···················· 3큰술
❹ 소금 ··························· 1/3작은술

🔸 단번에 이해되는 우선순위 배치!

연관된 개체를 다 정리한 다음에는 어떤 그룹의 내용부터 전달할지를 판단해야 한다. 이때 포인트는 보는 사람의 관점에서 어느 그룹부터 보아야 내용을 매끄럽게 이해할 수 있을지 고민하는 것이다.

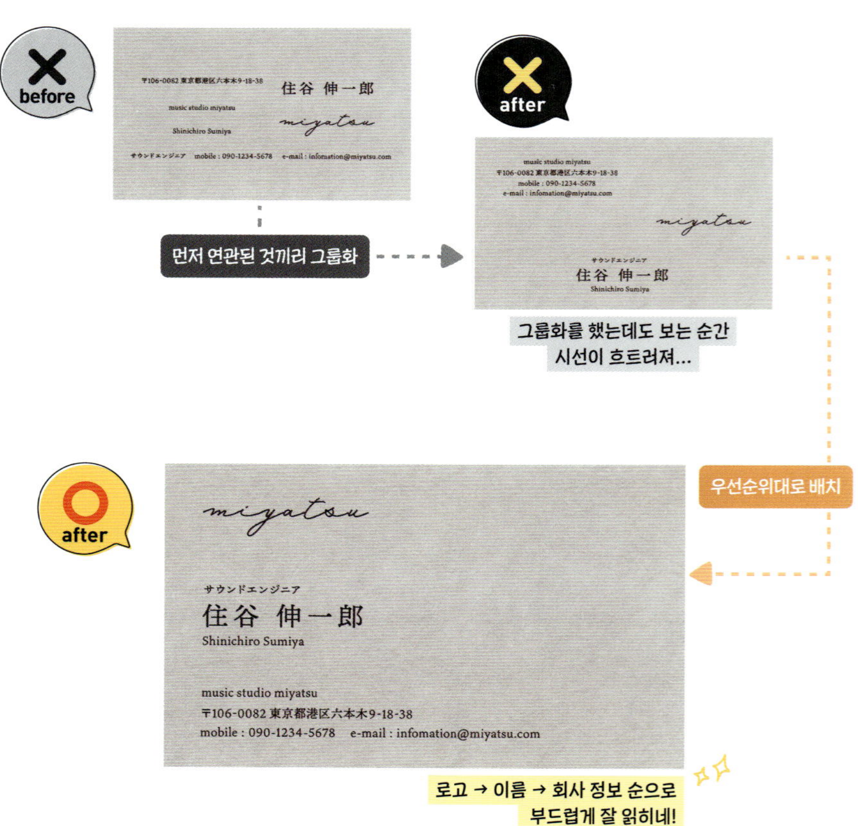

\ Point / 우선순위 설정과 레이아웃 노하우

❶ 제목의 중요도가 대체로 가장 높다.

❷ 중요한 정보일수록 상단 배치가 기본이다.

❸ 시선의 이동 경로를 따라 우선순위대로 배치한다(64페이지를 참고하자).

정보를 묶으면 메시지가 보인다!

'제목, 개요, 가격, 그 외'처럼 우선순위를 정해서 배치하면 정보가 많아도 쉽게 이해된다.

실선 대신 점선으로 구역을 나누면 답답함이 줄어든다.

단색이나 질감 배경으로 구역을 나누면, 그룹별로 의미를 부여하거나 각 그룹의 차이를 명확히 드러내기 쉽다.

전체적으로 요소가 많을 때는, 사진과 관련 정보를 겹쳐 배치하면 빈 공간이 생기면서 레이아웃이 깔끔해진다.

03 강약 조절로 전달력을 높이자

강조할 정보와 그 외의 정보 사이에 확실한 대비를 주면, 각 요소의 역할이 뚜렷해져 내용을 이해하기 쉬워진다. 또한 단조로운 구성에 리듬감이 생기면서 완성도가 확연히 높아진다.

● 주인공을 강조하자

모든 음식이 같은 크기라면 메뉴 선택도 어려워지고 기억에도 잘 남지 않는다. 추천하고 싶은 메뉴가 한눈에 보이도록 크기를 조절하면, 시선이 자연스럽게 유도되어 강렬한 인상을 남길 수 있다.

● 우선순위를 정하자

정보가 많거나 텍스트만으로 구성되어 있다면, 정보에 우선순위를 매기고 강약 조절로 중요도를 나타내자. 중요한 내용이 곧바로 눈에 들어오고 이해도 빨라진다.

밋밋해서 직관적으로
내용을 파악하기
어려워...

내용을 이해하기
쉬워졌어!

\Point/ 강약 조절의 요령

❶ 색과 크기뿐만 아니라 장식 요소를 더하거나 서체를 바꾸는 방식도 효과적이다.

❷ 강조할 때는 명확하고 대담하게 하자.

❸ 시선이 의도대로 움직이고 메시지가 정확히 전달되는지 항상 체크하자.

● 색과 대비를 조절하자

강조하고 싶은 정보의 색이나 대비를 조절하면 다른 요소들과 차별화되면서 역할과 내용이 명료하게 드러난다. 다만 너무 많은 색을 사용하면 강조 효과가 약해지거나 내용이 왜곡될 수 있다.

\Point/ 효과적인 강조를 위한 주의사항

❶ 명확한 이유 없이 강조하지 않는다.

❷ 가장 먼저 보여줄 내용을 미리 파악해둔다.

❸ 무분별하게 강조하면 오히려 역효과가 난다.

강약 조절로 핵심에 집중!

한 요소에만 변주를 주면 시선이 집중된다. 색과 크기를 바꾸거나 장식을 곁들이는 방법이 가장 보편적이다.

메인 사진과 서브 사진에 크기 대비를 준 사례다. 대비는 가능한 한 대담하게, 차이가 확실히 느껴지도록 주어야 시각적인 힘이 강해진다.

반복으로 만드는 통일감

반복은 기본적인 디자인 기법의 하나다. 동일한 디자인 규칙을 반복하면 통일감과 안정감이 생기면서 정보를 파악하기 쉬워진다. 디자인에 일관성이 없어서 산만해 보인다면 반복 기법을 활용해보자.

● 같은 규칙을 반복하자

동일한 위계에 있는 정보는 디자인 규칙을 통일하면 같은 성격으로 인식되고, 이를 반복하면 전체적으로 통일감이 생긴다. 명료한 메시지와 정돈된 인상을 모두 얻고 싶다면 반복을 잊지 말자.

ABOUT US
회사소개

News
공죄

COMPANY
회사개요

CONTACTS
문의

규칙성이 없어서 산만해...

ABOUT US
회사소개

NEWS
공지

COMPANY
회사개요

CONTACTS
문의

반복하니 통일감이 생겼어!

\Point/ 기억해두자! 반복의 요령

❶ 여러 페이지로 구성된 자료라면 전체에 걸쳐 같은 규칙을 반복하는 것이 중요하다.

❷ 정보를 정돈하고 체계화하면 명확성이 높아진다.

❸ 반복되는 요소가 많을수록 같은 성격의 정보로 인식되기 쉽다.

● 다양한 반복 기법의 활용

반복의 대상으로는 색과 형태부터 서체, 레이아웃 패턴까지 다양하다. 일상 속 디자인에서도 반복 기법은 흔히 활용된다. 먼저 몇 가지 예시를 통해 반복의 효과를 확인해보자.

사진

사진은 일정한 구도와 크기를 반복하면 통일감이 생긴다. 여기에 색감까지 맞추면 시각적 일관성이 강해진다.

레이아웃 패턴

서체나 선 같은 레이아웃 패턴을 반복하면 가독성이 높아지고 통일감도 생긴다.

스타일

장식 요소를 같은 스타일로 맞추면 깔끔해진다.

고유한 규칙

자신만의 규칙을 만드는 방법도 있다. 예시에서는 '캐릭터 당 말풍선 하나'라는 규칙을 반복하고 있다.

다양한 아이템으로 확장

동일한 배색과 서체, 로고 마크를 반복하면 브랜드 아이템 사이에 긴밀한 연결성을 만들 수 있다.

● 작은 차이로 구분 짓자

규칙을 반복하면서도 내용의 차이를 분명히 보여주고 싶을 때는, 디테일한 요소에 변화를 주는 것이 효과적이다. 직관적인 색이나 장식으로 알맞게 변주를 주면, 통일성을 해치지 않으면서 내용의 차이를 쉽게 이해할 수 있다.

통일성은 있지만 구분이 잘 안돼...

직관적으로 차이가 느껴져!

\Level Up/ 차이를 만드는 다양한 패턴

반복 안에서 차이를 만들 때는, 먼저 동일한 규칙을 적용한 다음 조금씩 변화를 주는 방법을 추천한다.

색과 장식 크기   일러스트와 글자 색

반복하면 하나로 묶인다!

일러스트가 많을 때는 서로 스타일을 맞추면 완성도가 높아진다.

전체를 관통하는 디자인 규칙이 명확하면 색상이나 형태, 레이아웃에 과감한 변화를 주더라도 이질감이 없다.

포인트 요소에 같은 디자인 규칙을 적용하면 메시지가 선명해진다.

여백이 넉넉해야 멋스럽다

디자인에 여백을 충분히 만들면 보기에도 쾌적하고 내용을 전달하는 힘도 커진다. 글자가 눈에 잘 들어올 뿐 아니라 청량감이나 공간감을 연출하기도 좋다. 특히 발표 자료나 광고 배너처럼 정보량이 많고 공간이 제한적일수록, 여백만 넉넉히 챙겨도 보기 좋고 읽기 편한 디자인이 된다.

● 여백으로 시원하고 깔끔하게

모든 요소를 크게, 공간 가득히 채우려고 하지 말자. 요소의 크기가 작아지거나 밀도가 낮아지더라도, 강약을 조절하여 적절한 여백을 만드는 편이 가독성도 높아지고 보는 사람도 피로하지 않다. (※ 아래 예시는 음식 관련 무료 매거진입니다.)

너무 빽빽해서 눈이 피곤해...

깔끔하고 보기 편해!

● 요소마다 여백을 만들자

여백을 디자인에 잘 녹여내려면 부분과 전체로 나누어 여백을 만드는 것이 좋다. 먼저 글상자나 이미지 같은 개별 요소마다 여백을 주어 답답한 느낌을 없애보자.

테두리·글상자 안

가장자리에 여백을 넉넉히 둔다.

요소 사이

갑갑한 느낌을 없애고 여백이 생기도록 조정한다.

캡션 행간

글자 크기의 약 75% 정도 여유를 준다.

나는 고양이이다. 이름은 아직 없다. 어디에서 태어났는지 확실히 알 수 없다. 다만 희미하게 기억나는 것은 어딘가에서 야옹야옹 울고 있었다는 것이다.

나는 고양이이다. 이름은 아직 없다. 어디에서 태어났는지 확실히 알 수 없다. 다만 희미하게 기억나는 것은 어딘가에서 야옹야옹 울고 있었다는 것이다.

카피·제목

자간을 넓혀서 여백을 만들면 개방감이 생긴다. 가능하다면 가는 서체를 사용해서 여백의 효과를 높이자.

도심을 한눈에 내려다볼 수 있는 특권 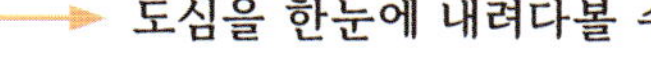 도심을 한눈에 내려다볼 수 있는 특권

● 전체에 여백을 만들자

공간 전체적으로도 여백이 느껴지도록 구성하면 깔끔하고 보기 편할 뿐 아니라 공간감과 고급스러운 분위기, 세련된 인상까지 줄 수 있다. 한정된 공간에 여백이 충분히 만들어 지는지 확인하며 요소를 배치하자.

트리밍으로 여백 만들기

이미지로 큰 공간을 채울 때는 트리밍으로 여백을 만들거나 이미지 속 여백을 살린다.

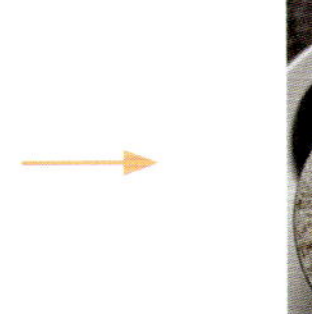

가장자리에 여백 만들기

가장자리에 여백을 주어 답답함을 해소한다.

요소 겹치기

요소를 겹쳐서 배치하면 그만큼 여백이 생기면서 한정된 공간을 여유롭게 쓸 수 있다.

여백으로 다채롭게 표현하자!

여백이 넓은 사진에 손글씨만 더해도 세련된 여유가 생긴다. 채도를 낮추면 서정적인 분위기가 깊어진다.

주인공 주변을 넉넉히 비워두면 가장 중요한 정보에 시선이 집중된다.

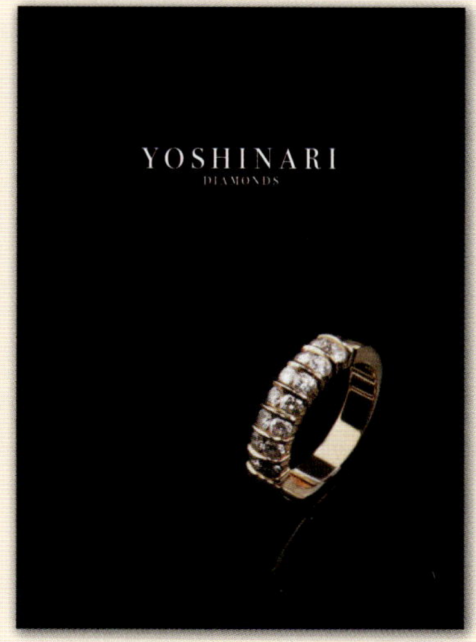

지면 가득한 여백이 유려한 품격을 연출하며 고급스러운 느낌을 만들어 낸다.

왼쪽에 요소를 모아두고 오른쪽 공간을 비우면, 밀도 높은 부분과 낮은 부분이 대비되면서 지면의 표정이 풍부해진다.

강렬한 임팩트를 만드는 기술

저절로 눈길이 가는 디자인의 비밀은 무엇일까? 무수히 많은 시각 정보 사이에서도 시선을 끌어당기는 힘은 바로 강렬한 임팩트에서 나온다. 임팩트를 만드는 방법은 다양하지만, 우선은 가장 기본적이면서도 응용하기 쉬운 방법부터 제대로 익혀보자. 깊은 인상을 남기고 싶을 때, 주목도를 확실히 높이고 싶을 때, 매우 효과적이다.

● 과감하게 밀어내자

한정된 공간 밖으로 요소가 튀어나오도록 배치하면 강렬한 임팩트가 만들어 진다. 이때 포인트는 최대한 과감하게 밀어내는 것이다. 다만 글자를 밀어낼 때는 가독성을 해치지 않도록 주의해야 한다. (※ 아래 예시는 장어덮밥 광고입니다.)

\ Point /

임팩트를 끌어올리는 방법

❶ 글자에 효과를 줄 때는 굵은 고딕체가 잘 어울린다.

❷ 튀어나오는 글자를 기울이면 힘이 더욱 강해진다.

❸ 내용이 분명히 전달되는 범위에서 과감히 이미지를 잘라내자.

강렬한 임팩트!
눈을 뗄 수 없어!

● 집중선을 활용하자

강조하고 싶은 부분을 향하도록 집중선을 배치하면, 자연스럽게 시선이 모이면서 임팩트가 강해진다. 생동감과 깊이감까지 살아나면서 인상 깊은 비주얼이 만들어 진다.(※ 아래 예시는 포인트 증정 이벤트 광고입니다.)

\ Point /

집중선의 효과를 높이는 요령

❶ 집중선을 쓸 때는 가장 중요한 요소를 가운데로 모으자.

❷ 시선이 모이는 부분에 진한 색을 입히거나 글자에 입체감을 주면 집중선 효과가 극대화된다.

❸ 장식 요소를 중심에서 밖으로 퍼지듯 배치하면 가운데 부분이 한층 돋보인다.

시선이 가운데로 모여!

\ Level Up / **집중선의 형태도 다양하다!**

선버스트

만화 스타일

선형

집중선은 일반적인 형태 외에도 독특하고 개성적인 유형이 아주 많다. 집중 효과가 너무 강하면 다른 부분이 가려질 수 있으니, 그때그때 목적에 맞는 스타일을 선택하자.

● 주인공의 존재감을 키우자

제품 사진이나 카피처럼 중요도가 가장 높은 메인 요소를 크고 힘 있게 배치하면 강렬한 디자인이 완성된다. 이때 다른 요소의 비중을 줄여서 대비를 크게 주면 주인공이 한층 돋보인다.(※ 아래 예시는 프리미엄 맥주 광고입니다.)

압도적 존재감!

\ Point / 주인공의 힘을 살리는 기술

❶ 공간 가득 중심 요소를 배치하면 존재감이 커진다.
❷ 주연과 조연의 차이가 클수록 현장감이 살아난다.
❸ 아래에서 위로 올려다보는 구도의 사진이나 생동감 있는 사진을 사용하면 임팩트를 주기 쉽다. 이미지 자체의 힘이나 특징을 활용하는 것도 좋은 방법이다.

● 글자에 입체감을 주자

튀어나오는 것 같은 입체감을 글자에 표현하면 간단하게 임팩트를 만들 수 있다. 입체 글자는 시인성이 높아서 제목이나 전단의 헤드라인 등에도 자주 사용한다.

\ **Point** /

알아두자!

강렬한 글자를 만드는 비결

❶ 굵은 서체를 선택한다. 만화 제목처럼 개성적인 서체로 포인트를 주는 것도 좋다.

❷ 그림자의 색은 글자마다 바꾸거나 그룹별로 다르게 적용하자. 변화가 만들어 지면서 확실한 포인트가 된다.

❸ 심플하고 정적인 배색보다는 보색이나 화려하고 선명한 색이 효과적이다.

글자의 힘이 UP!

\ **Level Up** / **다양한 입체 글자의 유형**

긴 그림자

애니메이션 타이틀

팽창 효과

역동적인 에너지를 담자

살아 움직이는 듯한 역동성은 힘찬 기세와 활력을 불어넣고 청량한 분위기를 만들어 낸다. 포인트만 알고 있다면 평면에도 얼마든지 표현할 수 있고, 화장품이나 식품, 스포츠 등 다양한 분야에서 활용도가 높다. 정지된 화면에 역동적인 에너지를 가득 담는 요령을 알아보자.

● 움직이는 요소를 사용하자

평면에 간단히 역동성을 더하고 싶다면, 움직임이 느껴지는 요소를 선택하는 것이 포인트다. 피사체나 장식 요소에 움직임이 담기면 디자인 전체에 역동성이 살아난다.(※ 아래 예시는 취업 사이트 광고입니다.)

나쁘지는 않지만
조금 더 밝은 느낌이 필요해...

생생한 움직임이
즐겁고 활기찬 이미지를 만들어!

● 깊이를 활용하자

단조로운 평면에서 벗어나 앞과 뒤를 명확히 구분하는 방법으로도 역동성을 만들어 낼 수 있다. 물체를 서로 겹치거나, 앞으로 다가오는 구도의 사진을 사용해보자. 요소에 깊이가 생기면 실재감이 커지면서 역동성이 두드러진다.

\ Point /

공간감을 살리면 움직임이 느껴진다!

1. 주인공을 감싸듯 물보라를 배치해서 앞과 뒤를 구분한다.
2. 글자 위에도 요소를 겹쳐서 깊이를 만들면 생동감이 커진다.
3. 물보라가 밖으로 튀어나오게 연출해보자. 사방으로 공간이 확장되면서 에너지가 강해진다.

\ Level Up / **역동성을 끌어올리는 깊이 표현**

요소 겹치기

기울이기

사진 활용하기

역동성이 부족할 때는 요소를 변형하거나 사진 소스를 활용해서 깊이를 만들어 보자. 깊이에서 오는 공간감이 역동성을 끌어올린다.

● 비스듬히 기울이자

요소를 기울이는 것도 역동성을 만드는 좋은 방법이다. 똑바로 서 있어야 할 대상이 기울어지면, 자연스럽게 움직임과 힘이 생기면서 역동적인 에너지가 느껴진다. 정적인 분위기에 균열을 내고 싶을 때, 이 방법으로 작은 움직임을 더해보자.

당장이라도 공을 찰 것 같아!

\ Point / 각도만 조절해도 생동감이 살아난다!

❶ 특별한 의도가 없다면 각도는 오른쪽 위를 향하는 것이 자연스럽다.

❷ 모든 요소의 각도를 맞추면 통일성이 높아진다. 인물의 시선과 몸의 기울기까지 고려하여 각도를 정하자.

❸ 직선 장식을 곁들이면 각도가 강조되면서 속도감이 커진다.

시선을 붙드는 힘, 역동성

어려운 기술 없이 간단한 도형만으로도 역동성을 불어 넣을 수 있다. 비결은 요소를 조합해 움직임의 흐름을 만드는 것이다.

잔상을 표현하거나 대상을 프레임 단위로 보여주면 움직임이 생생히 전해진다.

화살표를 장식 요소로 활용하면 상승이나 증가를 나타내는 동시에 역동성도 더할 수 있다.

곡선으로 생기를 불어넣자

정보를 정확하게 전달하는 데만 집중하면 자칫 단조롭고 무미건조한 디자인이 되기 쉽다. 물론 나쁘다고 할 수는 없지만, 조금 더 부드럽고 설레는 분위기가 필요할 때도 있기 마련이다. 그럴 때는 곡선을 활용해보자. 곡선의 유연한 리듬이 자유롭고 생동감 넘치는 디자인을 완성한다.

● 곡선으로 편안함을 더하자

레이아웃을 바꾸지 않고 곡선만 더해도 분위기는 곧장 부드럽게 풀어진다. 장식 요소를 늘려서 편안한 느낌을 내려고 하다 보면 여백이 줄어들면서 복잡해지기 쉬우니, 되도록 요소를 늘리지 않고 곡선을 더할 방법을 찾아보자.

나쁘지는 않지만
조금 더 부드럽게
만들고 싶어...

부드럽고 편안해졌어!

\Point / 곡선의 활용 포인트

❶ 부제목이나 말풍선 같은 장식 요소도 곡선으로 바꾸면 한결 부드러워진다.

❷ 처음부터 곡선을 배치하기 어렵다면, 먼저 직선으로 큰 틀을 잡은 다음 곡선을 조금씩 더하자.

● 경쾌하고 생기 있는 유기적 형태

유기적 형태는 즐거움을 더하고 싶거나 금방이라도 움직일 듯한 생동감을 표현하고 싶을 때 활용하기 좋다. 예를 들어 사진 테두리를 자연스러운 곡선으로 잘라서 배치하면, 자유롭고 경쾌한 분위기가 지루할 틈 없는 디자인을 만든다.

\ Point /
유기적 형태 활용법

❶ 보글거리는 물방울이나 포근한 구름 같이 테마와 어울리는 자연의 형태를 모티프로 활용하면 컨셉이 선명해진다.

❷ 자유형 레이아웃이 어렵다면 강물의 흐름을 표현한다고 상상해보자. 유동적인 움직임을 만들기 쉬워진다.

❸ 카피나 캡션 같은 글자까지 곡선을 따라 배치하면 유기적 형태가 강조된다.

움직임과 리듬이
더해지니 눈이 즐거워!

\ Level Up / 유기적 형태의 필승 공식!

포인트   면 분할   패턴·배경

유기적 형태는 쓰임새가 매우 다양하다. 공간을 나누거나 배경으로 쓰기도 좋고, 시선을 끄는 요소로도 편리하다. 어디에나 응용하기 좋은 소재다.

● 물결형 오브젝트로 움직임을 만들자

물결형 오브젝트는 물 흐르듯 여유로운 분위기와 청량한 공간감을 만들어 낸다. 에스테틱이나 아로마 마사지 광고, 화장품 관련 디자인 등에 활용하면 은은한 생동감을 불어넣을 수 있다. 가벼운 움직임을 더하기에도 그만이다.

\ Point / 물결형 오브젝트 활용 팁

❶ 예시처럼 물결형 오브젝트의 투명도를 조절해서 여러 층으로 겹치는 방법도 효과적이다.

❷ 물결형 오브젝트는 손그림 일러스트와 잘 맞는다. 규칙 없이 자유롭게 배치하면 여유로움이 한층 살아난다.

❸ 주변 요소를 기울이면 통일감이 생기고 자유로움이 강조된다.

마법 같은 곡선의 효과

물결형 오브젝트와 유기적 형태는 서로 잘 어울린다. 둘을 조합하면 각진 곳 없는 부드러운 이미지를 표현할 수 있다.

글자를 곡선 요소로 활용할 수도 있다. 곡선의 움직임이 자연스럽게 시선을 붙잡는다.

아치형 곡선을 따라 제목을 배치하면, 온화한 분위기가 디자인 전체에 더해진다.

3분할로 완성하는 레이아웃

초보 디자이너가 보기 좋고 균형 잡힌 레이아웃을 만들기란 결코 쉽지 않다. 아무리 해도 답이 보이지 않아서 한숨이 절로 나올 때도 있을 것이다. 그럴 때는 공간을 세 구역으로 나눠보자. 레이아웃에 정답은 없지만, 3분할로 시작하면 아름다운 레이아웃을 잡기가 한결 쉬워진다.

● 안정적인 1:1:1 분할

3분할 레이아웃 중에서도 가장 활용도 높은 것이 1:1:1 분할이다. 각 구역에 제목, 이벤트 정보, 상세 내용과 같이 역할을 부여하고 관련 요소를 배치하면 전체적인 균형을 잡기 편리하다. 작업 과정에서 저절로 내용이 정리되니 헤맬 걱정이 없다.

제목 / 이벤트 정보 / 내용·그 외

위에서 아래로 시선이 흐르니 이해하기 쉬워!

\Point/ 1:1:1 분할의 활용 포인트

❶ 아래로 갈수록 점차 내용을 구체화하면 읽는 사람이 정보를 이해하기 편하다.

❷ 구역을 나눌 때는 선이 아니라 배경색으로 구분하자. 전체 구성을 해치지 않으면서 하나로 연결된 느낌을 내기 좋다.

❸ 디자인 작업은 변수의 연속이다. 3분할은 어디까지나 기준으로만 두고, 대강 세 구역으로 나눈다고 생각해야 작업 효율이 높아진다.

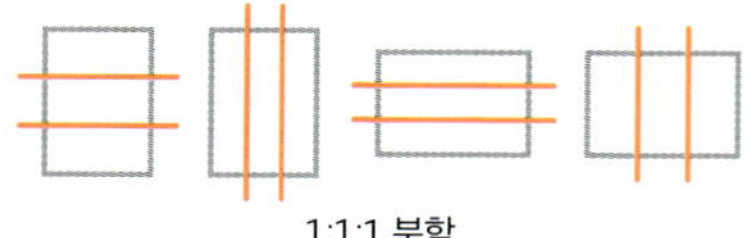

1:1:1 분할

● 주인공에게 스포트라이트, 2:1 분할

3분할 레이아웃 중에서도 2:1 분할은 강약 조절로 완벽한 균형을 만드는 정석적인 구성이다. 세 구역 중에서 주인공을 2에, 나머지를 1에 배치해 주인공의 비중을 키우면 강한 인상을 남길 수 있다. 광고부터 출판물까지 폭넓게 사용되는, 초보 디자이너에게도 어렵지 않은 분할법이다.

\Point/ 2:1 분할의 활용 포인트

❶ 아래 예시처럼 이미지를 좌우로 나누어 2:1로 배치해도 균형을 잡기 쉽다.

❷ 정보량이 적을 때 2:1 분할은 특히 효과적이다. 반대로 정보가 많을 때는, 주인공을 크게 배치하면 공간이 부족해서 레이아웃을 잡기 까다로워진다.

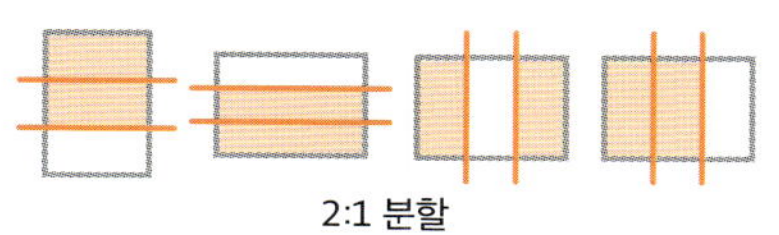

2:1 분할

메인 이미지   제목·내용   메인 이미지

이미지가 눈길을 끄는 균형 잡힌 구도야!

\Level Up/ 구역을 나누는 다양한 방식

요소 중첩

사선 분할

구분선 변형

3분할 레이아웃이 아니더라도 구역 분할은 활용할 일이 많아서, 응용법을 미리 익혀두면 편리하다.

● 가로세로 3분할 조합

3분할 레이아웃이 손에 익었다면 가로와 세로 3분할을 조합해보자. 두 가지를 함께 쓰면 배치할 요소가 많더라도 균형을 잡기 편하고, 레이아웃을 구성할 때도 탄탄한 기준이 된다. 전체적인 안정감이 높아지니, 레이아웃이 고민일 때 적극적으로 활용해보자.

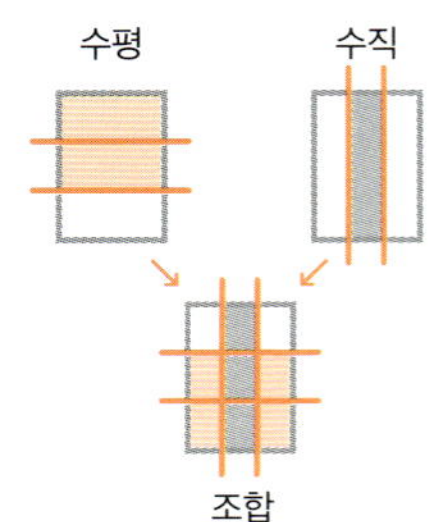

\Point / **가로세로 3분할의 활용 포인트**

❶ 가로 3분할을 기본으로 하고, 장식이나 포인트 요소를 배치할 때는 세로 3분할에 맞추는 식으로 역할을 나누어 생각하면 레이아웃을 잡기 간편하다.

❷ 카피나 장식 요소를 구분선에 걸치도록 배치하면, 뚜렷하게 나뉘던 구역이 자연스럽게 어우러지면서 일체감이 높아진다.

3분할, 이렇게도 써 보자!

구분선이 꼭 직선일 필요는 없다. 컨셉에 맞춰 모양을 바꾸면 일체감이 높아진다.

가로세로 3분할로 나누고 구역마다 사진을 하나씩 넣으면, 제품의 다양성이 돋보이면서도 깔끔하게 정돈된다.

사선으로 구역을 나누고 구분선에 요소를 걸쳐보자. 단조로움은 사라지고 변화가 생기면서 효과적인 포인트가 된다.

정보를 한눈에 보여주는 블록화

정보의 블록화란, 정보를 블록이나 아이콘처럼 한 덩어리로 묶어서 시선을 붙잡는 기술이다. 정보를 단순히 나열하기만 하면 밋밋해서 눈에 잘 띄지 않는다. 그럴 때는 정보를 블록화해서 지면을 깔끔하게 정돈하고 메시지를 직관적으로 전달하자.

● 단조로움을 깨면 내용이 보인다

정보를 블록화하면 단조롭던 지면에 리듬이 생기면서 내용이 쉽게 이해된다. 특히 정보의 양이 많다면 중요한 정보가 한눈에 들어오도록 블록화를 적극적으로 활용하자.

글자만 가득하니
내용이 눈에
잘 안 들어와…

내용을 한눈에
알아보겠어!

● 포인트 요소로 눈길을 끌자

정보 블록은 디자인의 포인트 요소로도 유용하다. 할인율이나 상품의 셀링 포인트처럼 확실한 존재감이
필요한 정보는 블록화해서 주목 효과를 높이자.

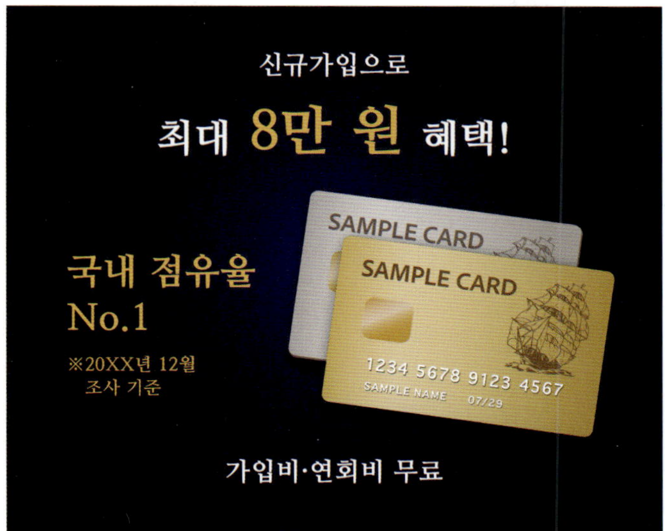

중요한 내용이 눈에 잘 안 띄어...

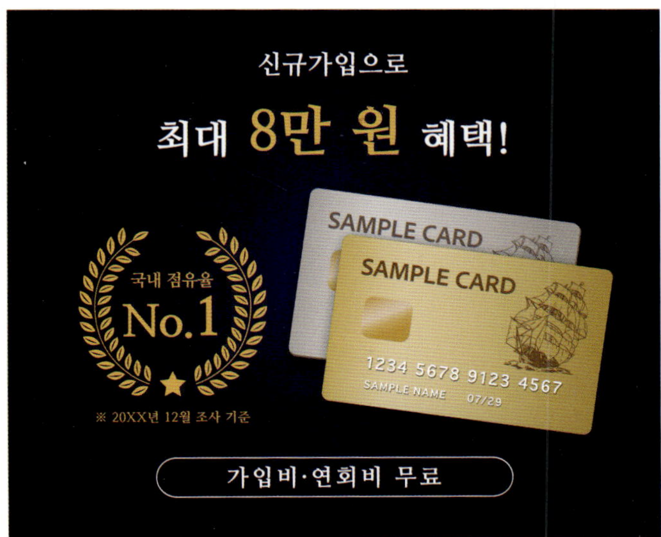

블록으로 만드니 눈에 확 들어와!

● 다양한 블록 디자인

블록은 아이디어에 따라 얼마든지 재미있게 꾸밀 수 있다. 기본적인 원형과 말풍선으로 시작해서, 다양하게 풀어나가다 보면 표현의 폭도 자연스레 넓어질 것이다.

원형은 기본적이고 활용도가 높다

톱니 모양으로 핵심을 강하게 어필하자

아이콘을 곁들이면 메시지가 분명해진다

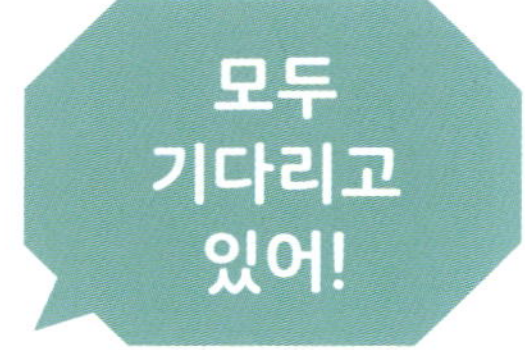

댓글이나 긴 문장에는 말풍선이 잘 어울린다

테마에 어울리는 모양으로 결을 맞추자

홍보 카피나 기간에는
둥근 막대형이나 리본을 활용하자

\Point/ **블록화의 활용 포인트**

❶ 블록의 내용은 중요하거나 강조하고 싶은 정보여야 자연스럽다.

❷ 도형 안의 내용이 단번에 이해되도록 강약을 조절하자.

블록에 변화를 더해보자!

블록을 가는 테두리로 표현하면 섬세한 이미지가 연출된다. 품격을 높이고 싶을 때 추천한다.

원형 블록을 배치할 공간이 없다면 띠 형태로 바꿔보자.

블록의 일부만 보이게 배치하면 시선 집중 효과가 강해진다.

시선의 움직임과 습관

사람의 시선은 위에서 아래로 흐르는 것이 가장 자연스럽고, 가로쓰기라면 Z자를, 세로쓰기라면 N자를 그리는 등 레이아웃에 따라 달라진다. 시선의 움직임은 무의식적인 습관에 영향을 받지만 의도적으로 유도하는 것도 가능하다. 시선의 일반적인 흐름과 습관을 활용하면 메시지를 쉽고 정확하게 전달할 수 있다.

위에서 아래로

가장 자연스러운 시선의 흐름이다. 중요한 정보일수록 상단에 배치하는 것이 좋다.

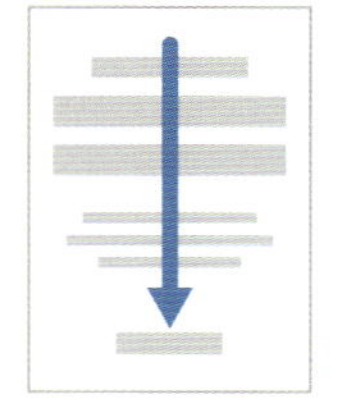

N자

세로쓰기로 된 글을 읽을 때는 N자로 시선이 움직인다.

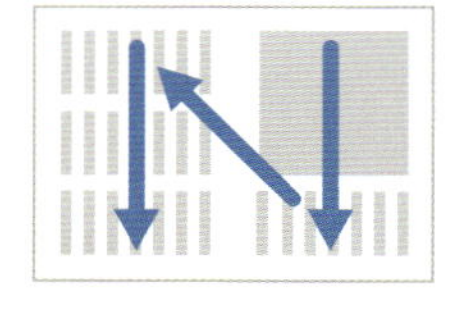

F자

F자 형태의 움직임은 정보량이 많은 웹 미디어에서 주로 나타난다.

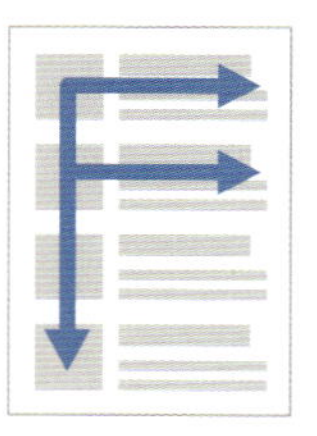

숫자를 따라

숫자를 사용하면 숫자가 시선을 유도하여 고유한 흐름이 만들어진다.

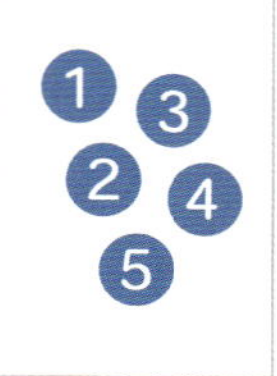

Z자

왼쪽 위에서 오른쪽 아래로 시선이 흐르며, 전단부터 배너까지 폭넓게 사용된다. 중요한 요소는 왼쪽 위에 두고, 시선이 멈추는 오른쪽 아래에 버튼 같은 장치를 배치하면 반응을 이끌어내기 쉽다.

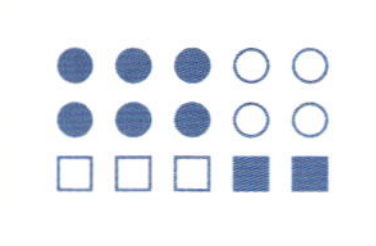

같은 모양이나 색상을 따라

같은 모양이나 색상 요소는 하나의 그룹으로 인식되며, 시선은 같은 그룹을 따라 이동한다.

크기를 따라

시선은 큰 것에서 작은 것으로 흐른다. 중요한 요소를 크게 배치해 주목도를 높이는 방법은 이 경향을 활용한 것이다.

보이는 글자,
읽히는 문장

글자는 적을수록 좋다

긴 글은 보기만 해도 지치기 마련이다. 정보를 글로 장황하게 나열하면 보는 사람의 피로도가 높아지고, 결국 메시지가 제대로 전달되기 힘들다. 글자 수를 줄이는 포인트를 파악하고, 되도록 적은 글자로 간결하게 표현해야 디자인의 효과를 극대화할 수 있다.

● 겹치는 내용은 덜어내자

중복되는 내용이나 단어는 의미가 왜곡되지 않는 선에서 적절히 덜어내자. 상황에 따라 클라이언트에게 제안해보는 것도 좋은 방법이다.

단어가 계속 반복되니 맥이 빠져...

글자 수가 줄어들고 훨씬 깔끔해졌어!

● 같은 뜻이라면 짧게 줄이자

긴 문장은 짧은 단어로 바꾸고, 의미와 관련 없는 말은 삭제하는 것이 글자 수를 줄이는 노하우다. 디자이너는 단순한 시각적 정돈을 넘어 정보 전달까지 목표로 삼아야 한다. 메시지가 잘 전달되도록 글자와 내용을 최대한 꼼꼼히 검토하자.

글은 너무 길고 글자는 너무 작아...

내용이 간결해지고, 글자도 커졌어!

간단하게 줄일 수 있는 정보는 문장으로 길게 쓰기보다 **항목으로 요약해서 나열하는 편이 효과적**이다. 무엇보다 정보를 간추리면서 불필요한 군더더기가 사라지니 글자 수 다이어트에도 효과 만점이다.

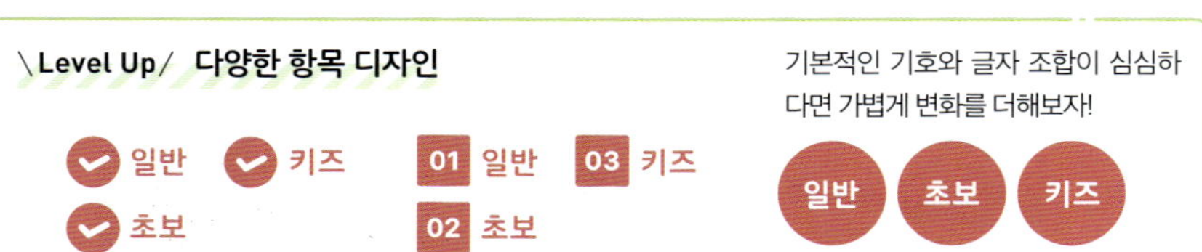

내용을 알려면 문장을 전부 읽어야 해...

한눈에 내용이 파악돼!

● 정보를 욱여넣지 말자

글자와 내용이 지나치게 많으면 이해하기 어렵고, 글씨가 작아져서 읽기도 불편하다. 준비한 원고를 바탕으로, 최대한 많은 정보를 담고 싶어 하는 클라이언트의 의도를 헤아리면서도 글자 수와 내용을 적절히 덜어낼 줄 알아야 한다. 그래야 차별화된 디자인을 완성할 수 있다.

글씨가 너무 빽빽해...

요점이 잘 전달되고 보기에도 깔끔해!

가독성은 만들어 진다

글이 술술 읽히면 내용도 머리에 잘 들어오지만, 반대로 잘 읽히지 않는 글은 읽는 사람을 피곤하게 만들고 부정적인 인상을 준다. 그러니 세심한 조정은 선택이 아닌 필수다. 지금부터는 글의 가독성을 높이는 요령에 대해 알아보자.

● 글자는 너무 작지 않게

글자 크기에 절대적인 기준은 없다. 하지만 글자가 너무 작으면 읽기 힘들고, 인쇄 방식이나 서체에 따라서는 글자가 뭉치기도 한다. 연령대나 매체에 따라 적절한 글자 크기가 달라지기도 하니, 작업 시에는 가이드라인을 참고하여 가독성이 떨어지지 않도록 유의하자. 실제로 인쇄해보면서 점검하면 실수를 줄일 수 있다.

▢ 글자 크기 가이드라인 (A4 사이즈 기준)

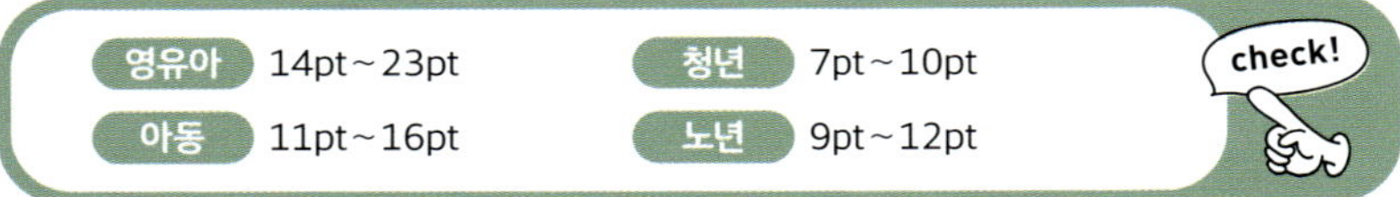

나는 고양이이다. 이름은 아직 없다. 어디에서 태어났는지 확실히 알 수 없다. 다만 희미하게 기억나는 것은 어딘가에서 야옹야옹 울고 있었다는 것이다. 나는 그곳에서 인간이라는 것을 처음 보았다. 나중에 들으니 그것은 '서생'이라는, 인간 중에서 가장 영악한 족속이라 한다.

글자가
너무 작아서
읽기 힘들어...

· 글자 크기 5pt

나는 고양이이다. 이름은 아직 없다. 어디에서 태어났는지 확실히 알 수 없다. 다만 희미하게 기억나는 것은 어딘가에서 야옹야옹 울고 있었다는 것이다. 나는 그곳에서 인간이라는 것을 처음 보았다. 나중에 들으니 그것은 '서생'이라는, 인간 중에서 가장 영악한 족속이라 한다.

글자 크기가
적당하니
읽기 편해!

· 글자 크기 8pt

● 행간은 너무 좁거나 넓지 않게

행간이란 글줄과 글줄 사이 간격을 말하고, 일반적으로는 글자 크기의 50~100%가 적당하다. 행간이 너무 조밀해도, 너무 벙벙해도 읽기 힘들어진다. 글자 크기와 글줄 길이에 따라서도 최적의 행간이 달라지는데, 보통 글줄이 길수록 간격을 넓혀야 피로감이 덜하다.

행간 가이드라인

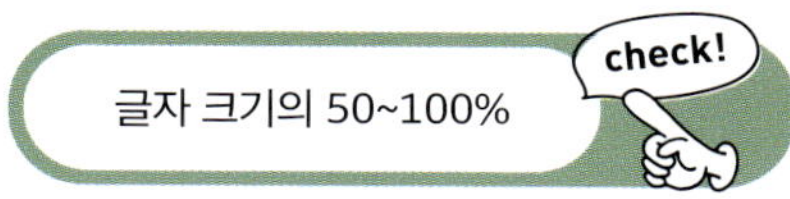

나는 고양이이다. 이름은 아직 없다. 어디에서 태어났는지 확실히 알 수 없다. 다만 희미하게 기억나는 것은 어딘가에서 야옹야옹 울고 있었다는 것이다. 나는 그곳에서 인간이라는 것을 처음 보았다. 나중에 들으니 그것은 '서생'이라는, 인간 중에서 가장 영악한 족속이라 한다.

너무 촘촘해서
읽기 힘들어...

· 행간 0%

나는 고양이이다. 이름은 아직 없다. 어디에서 태어났는지

확실히 알 수 없다. 다만 희미하게 기억나는 것은 어딘가에

서 야옹야옹 울고 있었다는 것이다. 나는 그곳에서 인간이

라는 것을 처음 보았다. 나중에 들으니 그것은 '서생'이라

는, 인간 중에서 가장 영악한 족속이라 한다.

읽기도 어렵고
헐거워 보여...

· 행간 200%

나는 고양이이다. 이름은 아직 없다. 어디에서 태어났는지
확실히 알 수 없다. 다만 희미하게 기억나는 것은 어딘가에
서 야옹야옹 울고 있었다는 것이다. 나는 그곳에서 인간이
라는 것을 처음 보았다. 나중에 들으니 그것은 '서생'이라
는, 인간 중에서 가장 영악한 족속이라 한다.

답답하지 않고
읽기 편해!

· 행간 75%

● 글줄 길이는 너무 짧지도 길지도 않게

글줄 길이란 한 줄의 길이를 말한다. 글줄 길이가 짧으면 경쾌하게 읽히는 반면 시선의 이동이 잦다. 글줄 길이가 길면 차분히 읽기 좋은 대신 다음 줄의 첫머리를 놓치기 쉽다. 신문의 글줄은 보통 12자 정도로 짧고 소설은 40~50자 정도로 길지만, 특별한 조건이나 이유가 없다면 20~30자 정도가 적당하다.

글줄 길이 가이드라인

글줄이 길어서 다음 줄을 찾기 힘들어...

나는 고양이이다. 이름은 아직 없다. 어디에서 태어났는지 확실히 알 수 없다. 다만 희미하게 기억나는 것은 어딘가에서 야옹야옹 울고 있었다는 것이다. 나는 그곳에서 인간이라는 것을 처음 보았다. 나중에 들으니 그것은 '서생'이라는, 인간 중에서 가장 영악한 족속이라 한다.

·글줄 길이 50자

글줄이 짧으니
눈이 바빠...

나는 고양이이다. 이름
은 아직 없다. 어디에서
태어났는지 확실히 알
수 없다. 다만 희미하게
기억나는 것은 어딘가에
서 야옹야옹 울고 있었
다는 것이다. 나는 그곳
에서 인간이라는 것을
처음 보았다. 나중에 들
으니 그것은 '서생'이라
는, 인간 중에서 가장 영
악한 족속이라 한다.

·글줄 길이 12자

글줄 길이가 적당하니 읽기 편해!

나는 고양이이다. 이름은 아직 없다. 어디에서 태어났
는지 확실히 알 수 없다. 다만 희미하게 기억나는 것은
어딘가에서 야옹야옹 울고 있었다는 것이다. 나는 그곳
에서 인간이라는 것을 처음 보았다. 나중에 들으니 그
것은 '서생'이라는, 인간 중에서 가장 영악한 족속이라
한다.

·글줄 길이 26자

● 자간은 답답할 때만 넓게

글자 사이 간격이 좁으면 답답한 인상을 주고, 너무 넓으면 글이 맥없이 늘어진다. 기본적으로 자간은 0으로 두고, 의도적으로 분위기를 바꿀 때나 서체 자체의 자간이 좁을 때 조정하면 된다.

▱ 자간 가이드라인

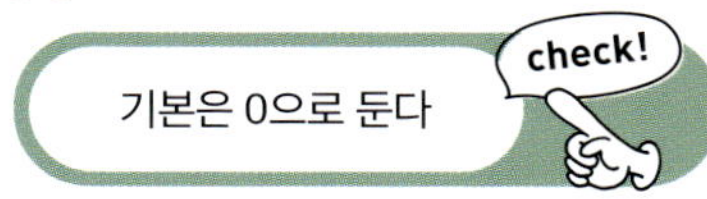

나는 고양이이다. 이름은 아직 없다. 어디에서 태어났는지 확실히 알 수 없다. 다만 희미하게 기억나는 것은 어딘가에서 야옹야옹 울고 있었다는 것이다. 나는 그곳에서 인간이라는 것을 처음 보았다. 나중에 들으니 그것은 '서생'이라는, 인간 중에서 가장 영악한 족속이라 한다.

너무 벙벙해서
흐름이 뚝뚝
끊겨...

· 자간 50%

나는 고양이이다. 이름은 아직 없다. 어디에서 태어났는지 확실히 알 수 없다. 다만 희미하게 기억나는 것은 어딘가에서 야옹야옹 울고 있었다는 것이다. 나는 그곳에서 인간이라는 것을 처음 보았다. 나중에 들으니 그것은 '서생'이라는 인간 중에서 가장 영악한 족속이라 한다.

왠지 답답해...

· 자간 -15%

나는 고양이이다. 이름은 아직 없다. 어디에서 태어났는지 확실히 알 수 없다. 다만 희미하게 기억나는 것은 어딘가에서 야옹야옹 울고 있었다는 것이다. 나는 그곳에서 인간이라는 것을 처음 보았다. 나중에 들으니 그것은 '서생'이라는, 인간 중에서 가장 영악한 족속이라 한다.

무난하게
잘 읽혀!

· 자간 0%

\ Point / 자면이 크면 답답하다

자면이 큰 글꼴 예시: 코즈카 명조, 메이리오 등

서체에 따라 자면(글자가 차지하는 면적)이 서로 다르다. 자면이 큰 서체를 사용하면 자간이 좁아서 압박감이 느껴질 수 있다. 답답해 보인다면 자간을 5% 정도 넓혀 보자.

글자는 디테일로 완성된다

기본값 그대로 입력된 글은 의외로 불안정한 경우가 많아서, 그냥 사용하면 어설퍼 보이기 십상이다. 특히 제목과 머리말, 카피와 같이 눈에 띄는 글은 디테일을 조금만 다듬어도 단숨에 완성도가 높아진다. 이번에는 세심한 조정이 필요한 글자의 포인트를 살펴보자. (※ 이번 섹션에 나오는 일문·영문 서체의 경우, 한글이 적용되지 않을 수 있습니다.)

● 자간의 균형을 잡자

글자 배열의 시각적 조화를 위해 간격을 조정하는 작업을 '커닝'이라고 한다. 너무 벌어진 곳은 좁히고 너무 붙은 곳은 넓혀서 전체적인 균형을 맞추면 디자인의 퀄리티가 몰라보게 높아진다.

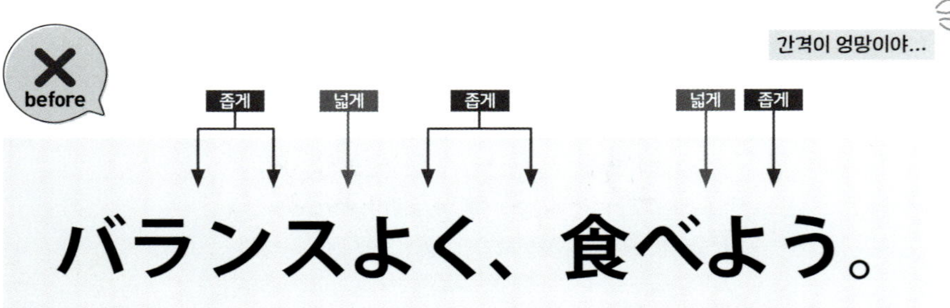

제작 MEMO

● 커닝에 너무 얽매이지 말자

커닝은 매우 섬세한 작업이다. 커닝을 하고 안 하고는 하늘과 땅 차이지만, 전문가의 작업이라도 사람마다 미세한 차이가 있다. 그러니 감각이 손에 익기 전까지는 지나치게 매달리지 말자. 정리되었다는 느낌이 든다면 일단 그걸로 충분하다. 차근차근 감각을 익혀나가자.

● 일반적인 커닝 포인트

균형 잡힌 커닝을 위해서는 노련한 감각이 필요하다. 하지만 몇 가지 포인트만 잘 잡아도 투박한 느낌은 금방 사라진다. 먼저 일반적으로 조정해야 하는 커닝 포인트를 알아두자.

마침표와 쉼표는 좁히기

마침표와 쉼표 주변은 특히 간격이 넓어진다. 헐거워 보이지 않도록 조정하자.

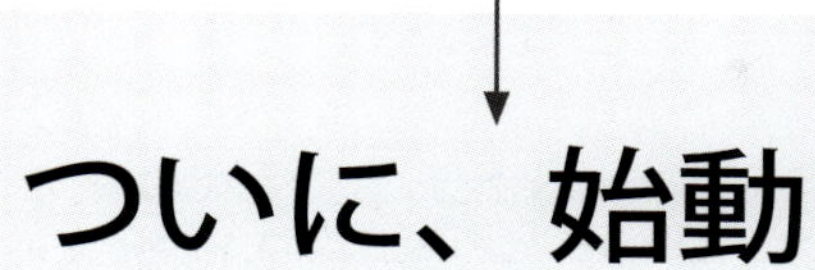

ついに、始動

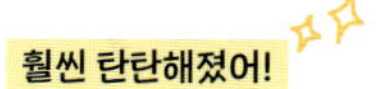

숫자 1 앞뒤는 좁히기

숫자 1은 앞뒤로 빈틈이 생기기 쉽다. 숫자를 다룰 때는 커닝을 잊지 말자.

123,132,212

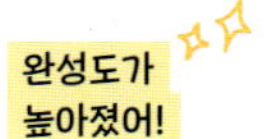

● 글자의 특성을 파악하자

기호와 알파벳에는 저마다 특유의 커닝 포인트가 있다. 서체에 따라서도 특성이 달라지기 때문에, 대표적인 사례를 참고하여 커닝 감각을 익히는 것이 실력을 키우는 지름길이다.

느낌표와 물음표는 좁히고 크기 조정

자주 사용하는 느낌표와 물음표는 앞뒤 간격이 벌어지기 쉬운 전형적인 기호다. 크기가 작은 편이기도 하니, 크기를 키워서 균형을 맞추자.

크기까지 조정하는 것이 포인트!

비대칭인 글자는 좁히기

무게중심이 치우친 글자 주위는 간격이 넓어 보인다. 대표적으로 'A, T, V, W, Y'는 앞뒤 간격이 넓어지고, 'F, L, K, P'는 뒤쪽에 간격이 생기기 쉬우니 주의해야 한다.

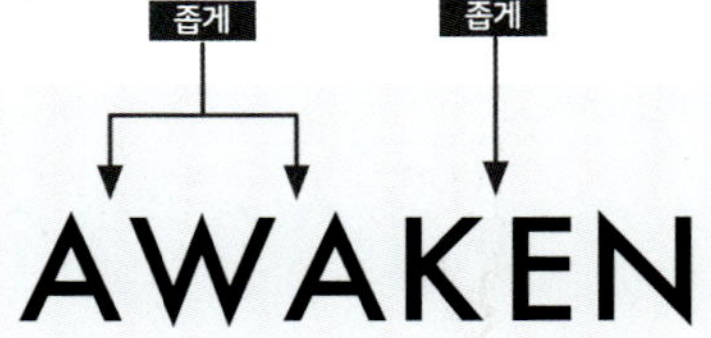

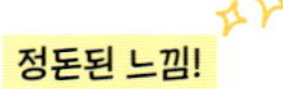

정돈된 느낌!

● 커닝에 디테일을 더하자

글자 간격을 조정하면서 커닝 외의 디테일까지 다듬으면 완성도가 더욱 높아진다. 사소한 부분이지만, 작은 차이가 탄탄한 디자인을 만든다.

낫표는 좁히고 굵기 조정

낫표는 앞뒤로 빈틈이 생긴다. 간격을 좁히면서 기호 자체도 가늘게 조정하면 한결 보기 좋아진다.

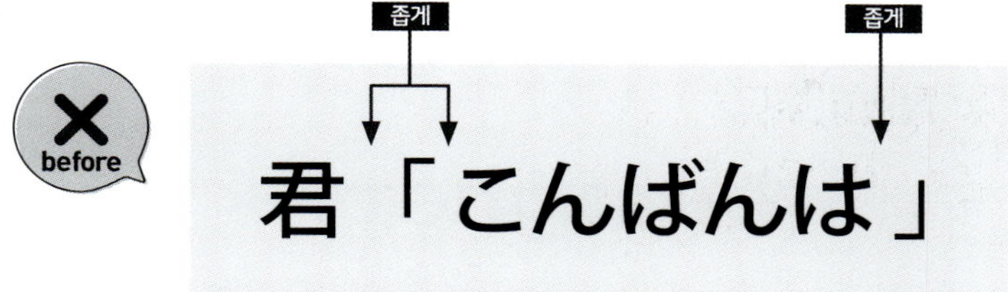

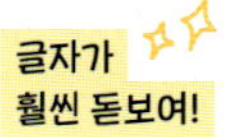

쌍점과 붙임표는 넓히고 높이 조정

간격이 좁아지는 쌍점과 붙임표는 앞뒤를 조금씩 넓히자. 또한 높이가 낮아 보인다면 위로 올려서 정렬을 맞추자.

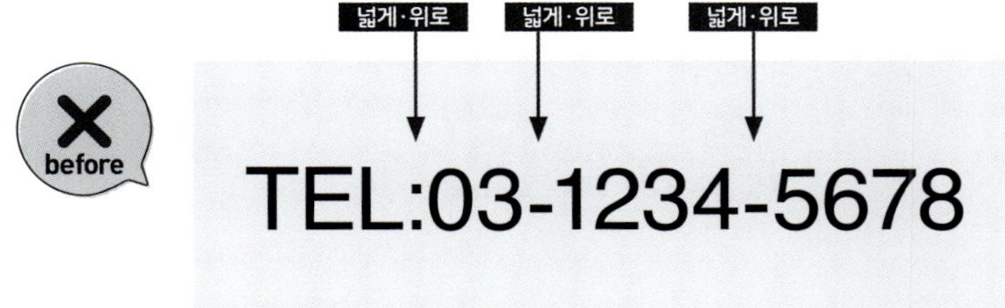

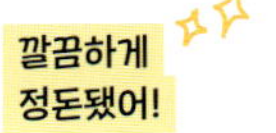

● **어색하다면 조정하자**

글자 조정에는 명확한 정답이 없고, 대략적인 기준과 보편적인 포인트가 있을 뿐이다. 그래서 어색함을 감지하는 눈이 무엇보다 중요하다. 직감적으로 '어딘가 어색하다'는 생각이 든다면, 자연스러워 보일 때까지 조정하자.

어긋난 괄호는 높이 조정

괄호는 다른 글자와 높이가 달라 보일 수 있다. 조금이라도 이상하다고 느껴지면 높이를 조정하자.

(Designer)

(Designer)

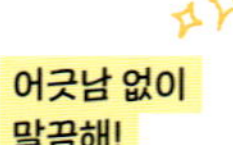

농담이 다른 글자는 굵기 조정

일부를 강조하려는 목적이 아니라면, 한 문자열 안에서는 획 굵기를 조정해서 농담을 맞춰야 어색하지 않다.

急がば回れ

· 히라기노 각고딕 W6

急がば回れ

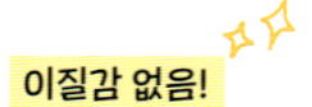

· 히라기노 각고딕 W6+W8

● 영문과 숫자는 영문 서체로

디자인 작업을 하다 보면 영문을 섞어 짤 때가 있다. 이때 같은 서체로 맞추기보다는, 영문과 숫자에는 영문 서체를 활용하자. 미세한 크기 조정이 필요하지만 한층 조화롭고 짜임새 있게 완성된다.

숫자는 영문 서체가 아름답다

가격 표기처럼 숫자가 많을 때는, 개성적인 서체를 사용하는 경우 외에는 일반적으로 영문 서체가 보기 좋다.

· 헤이세이 각고딕

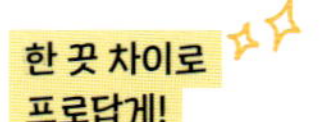

· DIN Alternate + 헤이세이 각고딕

영문은 영문 서체로, 섞을 때는 크기 조정

영문 부분에는 영문 서체를 적용하면 완성도가 높아진다. 이때 영문은 일문보다 글자 크기가 작으니, 글자를 키워서 섬세하게 균형을 맞추자.

· 코즈카 명조

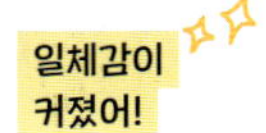

· 코즈카 명조 + Didot Regular (120%)

영문 서체와의 섞어짜기 예시

디자인에서 영문 서체와 조합해서 사용하는 일은 꽤 빈번하다. 이번에는 보기 좋은 글을 만드는 섞어짜기 방법을 참고 예시와 함께 알아보자. 예시는 가급적 컴퓨터에 기본 탑재되어 있거나 구하기 쉬운 서체로 구성했다. (※ 이번 섹션에 나오는 일문·영문 서체의 경우, 한글이 적용되지 않을 수 있습니다.)

\Point / **섞어짜기의 원칙**

❶ 명조체는 세리프체와, 고딕체는 산세리프체와 함께 사용하는 것이 기본이다.

❷ 굵기, 요소, 필법, 분위기가 비슷한 서체를 선택한다.

❸ 크기를 맞춘다. 영문은 105~115% 정도 키워야 할 때가 많다.

명조체

紐解くWebデザイン

**UD 레이민 L
+ Garamond Premier Pro 110%**

품위 있고 우아함이 감도는 조합이다. Garamond는 모리사와의 A1 명조나 류민과도 잘 어울린다.

Adobe Fonts만으로 구성

紐解くWebデザイン

**히라기노 명조 W6
+ Bodoni Roman 115%**

현대적이고 안정적인 조합이다. 적당한 품격이 느껴지고 군더더기 없는 형태로 어디에나 쓰기 좋다.

紐解くWebデザイン

**유 명조 Demibold
+ Times New Roman Regular 115%**

긴 글에서도 가독성이 높고 피로감이 적다는 장점이 있다. 어떤 상황에나 잘 어울린다.

紐解くWebデザイン

**DNP 슈에이 명조 B
+ Meta Serif Pro 115%**

본문뿐만 아니라 제목이나 머리말까지, 굵기를 바꿔가며 폭넓게 사용할 수 있는 조합이다.

Adobe Fonts만으로 구성

고딕체

紐解くWebデザイン

츠쿠시 A 둥근 고딕 Bold
+ Sofia Pro Soft Medium 110%

둥근 고딕을 바탕으로 부드러운 분위기를 내고 싶을 때 유용한 조합이다. 제목이나 카피에 적합하다.

Adobe Fonts만으로 구성

紐解くWebデザイン

유 고딕 R
+ Acumin Pro Extra Light 110%

부드럽고 온화한 이미지를 주며 긴 글도 읽기 편하다. 본문에 최적화된 조합이다.

Adobe Fonts만으로 구성

紐解くWebデザイン

유 고딕 Medium
+ Avenir Light 110%

부드러움과 품격을 모두 갖춘 조합이다. 가는 글꼴도 읽기 편하다.

Adobe Fonts만으로 구성

紐解くWebデザイン

히라기노 각고딕 W3
+ Helvetica Neue Light 114%

도입부나 캡션을 비롯해 다양한 용도로 쓸 수 있다. 본문용으로도 활용도가 매우 높다.

紐解くWebデザイン

Noto Sans(각고딕) Medium
+ URW DIN Medium 116%

가독성이 높고 굵기가 다양하다. 굵은 글꼴은 제목이나 강조 문구로도 쓰기 좋다.

Adobe Fonts만으로 구성

紐解くWebデザイン

Noto Sans(겐노 각고딕) Heavy
+ Helvetica Bold 116%

안정감 있고 모든 글꼴의 활용도가 높다. 가독성도 뛰어나다.

紐解くWebデザイン

히라기노 각고딕 W8
+ Futura Bold 105%

제목이나 머리말에 적합하다. 히라기노 각고딕 중 굵은 글꼴은 Futura나 Frutiger와 잘 어울린다.

숫자 표현에 유용한 서체

숫자는 가격, 쿠폰이나 광고용 배너, 날짜 등 많은 부분에 사용된다. 숫자용 서체 선택에 은근히 많은 시간이 들곤 하는데, 활용도 높고 조형미가 뛰어난 서체를 미리 알아두면 작업이 눈에 띄게 빨라진다. 숫자 표현에 사용하기 좋은 아름다운 서체들을 알아보자.

\Point / 메시지를 살리는 숫자 표현법

숫자를 표현할 때는 한 그룹 안에서 가장 강조하고 싶은 숫자를 크게 배치하자. 특히 여러 숫자가 섞여 있는 그룹이라면 반드시 우선순위를 고려하자.

연이율 0.430%

Minion Pro

부드러운 곡선으로 이루어진 유연한 분위기의 서체다. 군더더기 없어서 어디에 놓여도 어색하지 않다.

0123456789.,%

무료배송 1,790엔 (세금 포함)

Baskerville

섬세하고 진중한 인상을 주는 서체다. 전문직 채용 광고 등 품위와 격식이 필요한 표현에 유용하다.

0123456789.,%

정기권 한정특가 980엔 (세금 포함)

Times New Roman

날카롭고 다소 견고한 인상을 주는 형태가 특징이며, 신뢰와 지성을 표현할 때 효과적이다. 가독성도 뛰어나서 다방면으로 활용된다.

0123456789.,%

86.7% 만족도　12.9 tue　10:00~18:30

Bodoni URW

뚜렷한 대비가 돋보이는 우아한 서체다. 숫자를 강조하고 싶은 디자인에 적합하고, 패션 계열에서도 즐겨 사용한다.

0123456789.,%

월정액 2,680엔

Alte DIN 1451

전화번호나 가격 등의 숫자 표현에 널리 쓰이며, 읽기 쉽고 눈에 잘 띈다. 활용 범위가 넓고 편의성이 높다.

0123456789.,%

2.1 [水] - 3.9 [木]

최대 19,000엔 할인

2024.10.5 |sat|

500 포인트 증정

5000엔 이상
20%OFF

2024.12.1 (SUN)

4.29 SAT - 5.2 TUE

25th ANNIVERSARY

300pt 포인트 증정

Futura

Futura는 기하학적 형태 덕분에 현대적인 표현에 잘 어울린다. 숫자도 깔끔하고 아름다우며, 보조적인 역할로도 사용하기 좋다.

0123456789.,%

DIN Alternate Bold

DIN Alternate는 기본 DIN 서체와 다르게 6과 9가 직선적인 형태를 띠고 있어서 여기저기 매치하기 좋다. 가독성도 높아서 가격 표기에 요긴하다.

0123456789.,%

Impact

굵직한 획이 특징인 Impact는 포스터나 제목에 자주 쓰이고, 숫자도 명료하고 읽기 편해서 활용도가 높다.

0123456789.,%

Stardos Stencil

손맛이 살아있는 매력적인 스텐실 서체. 개성적인 비주얼로 숫자를 강조할 때 유용하다. 다루기 어려워 보이지만 쿠폰과 같은 일상적인 영역에도 폭넓게 사용할 수 있다.

0123456789.,%

Adobe Caslon Pro Bold Italic

우아하고 세련된 이미지를 주는 Caslon은 활용 스펙트럼이 넓은 서체. 숫자는 그 자체로도 기품 있고 아름답지만, 이탤릭 글꼴로 움직임을 더하는 것도 추천한다.

0123456789.,%

American Typewriter

둥그스름한 형태가 특징인 American Typewriter는 날짜뿐만 아니라 할인이나 이벤트 같은 다양한 숫자 표현에 두루 쓰인다.

0123456789.,%

Ultra Regular

묵직한 덩어리감으로 강렬한 인상을 남긴다. 할인 행사와 같이 숫자를 강조해야 할 때 유용하다.

0123456789.,%

완성 이미지부터 거슬러 올라가자

방대한 서체 종류에 갈팡질팡하거나 컨셉에 딱 맞는 서체를 찾기 힘들었던 경험은 디자이너라면 누구나 있을 것이다. 서체를 선택하는 방법도 서체만큼이나 다양하지만, 완성 이미지에서부터 거꾸로 짚어나가면 망설임 없이 알맞은 서체를 골라낼 수 있다. (※ 이번 섹션에 나오는 일문·영문 서체의 경우, 한글이 적용되지 않을 수 있습니다.)

● 작업의 방향성을 정하자

서체를 고르기 위해서는 먼저 작업의 방향성을 결정해야 한다. 예를 들어 구인 광고 배너를 만든다면, 격식과 신뢰를 강조할지 친근하고 캐주얼한 인상을 줄지에 따라 사용할 서체가 달라진다.

예시: 구인 광고 배너의 방향성

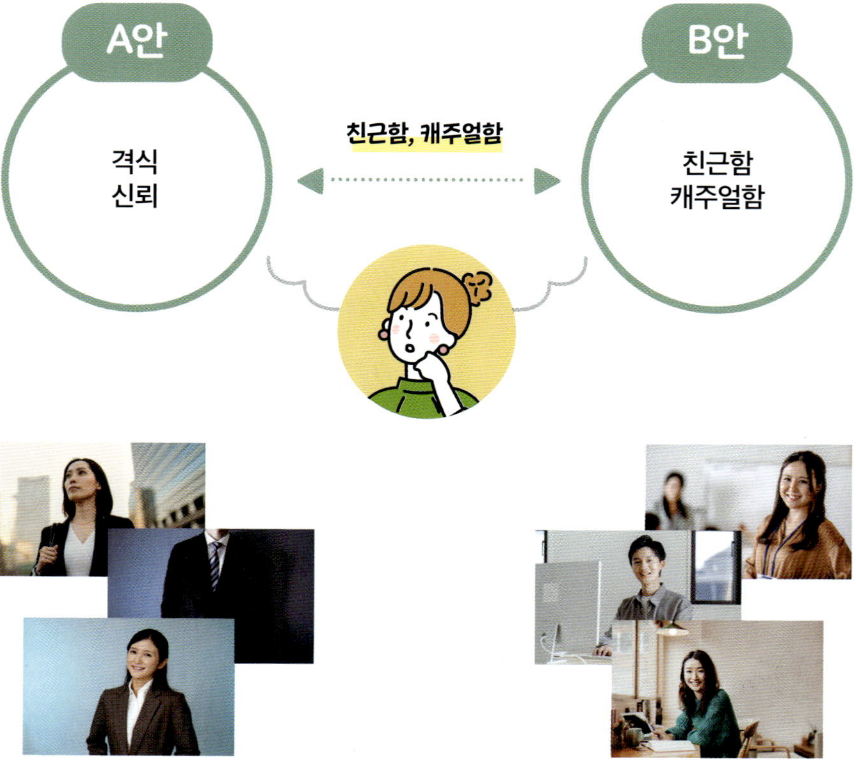

● 방향성에 맞춰 선택지를 좁히자

방향성을 결정했다면 서체의 이미지가 디자인의 방향성과 맞는지 검토하며 선택지를 좁혀나간다. 처음에는 아래 도표처럼 서체를 이미지별로 미리 카테고리화해두는 것이 좋다. 끝없는 서체 리스트를 훑으며 무작정 고르는 것보다 효율적이다.

일문 서체의 이미지 도표 예시

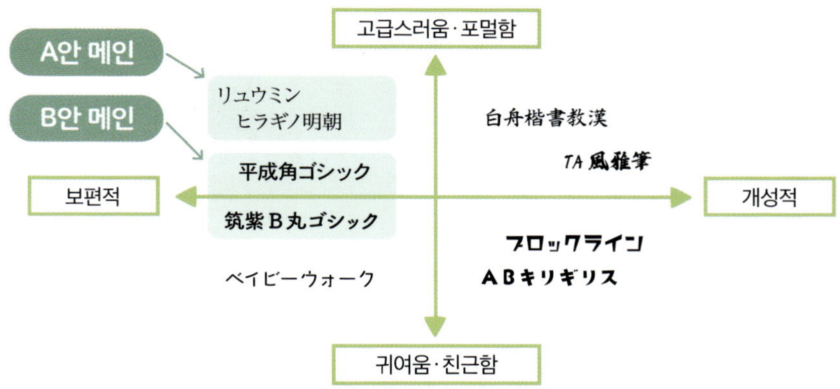

영문 서체의 이미지 도표 예시

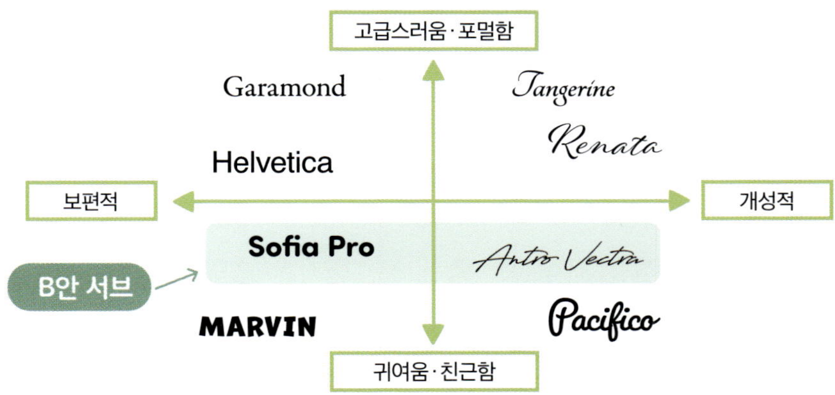

\Point/ 서체 선택을 돕는 카테고리화 팁

❶ 주변의 디자인을 참고하여 유사한 서체끼리 분류해둔다.

❷ 한 번 사용한 서체는 카테고리에 포함한다.

❸ 특정 이미지에 치우치지 않도록 3가지 정도씩 골고루 준비해두자.

● 추려낸 서체를 배치하자

방향성에 맞춰 서체를 추렸다면 레이아웃을 진행한다. 아래 A안은 신뢰를 깨뜨리지 않기 위해 개성적이거나 장식적인 서체는 배제했다. 고급스러우면서 심플한 서체를 선택하여 단정하고 품격 있는 이미지를 만들었다. (※ 아래 예시는 이직 및 구직 관련 업체의 광고입니다.)

font 히라기노 명조 W3·W6

디자인의 방향성	적용 서체
신뢰와 품격을 부각하여 서비스 이용을 유도한다. 기업의 격식과 진정성이 잘 나타나도록 포멀하면서 품위 있는 이미지를 만든다.	전문성과 고급스러움을 표현하기 위해, 명조체 중에서도 현대적이고 지적인 인상을 주는 히라기노 명조를 기본 서체로 사용한다.

보통 **서체는 일문(혹은 한글)과 영문 각각 한 가지씩이면 충분**하다. 특히 기본기가 부족한 상태에서 서체 개수를 늘리면 오히려 혼란만 커질 수 있기 때문에, 변화가 꼭 필요한 상황이 아니라면 서체 개수를 늘리지 않는 편이 낫다.

● 보조 서체로 균형을 맞추자

아래 B안에는 친근함을 표현하면서도 품격은 손상되지 않도록 유의해야 한다. 둥근 고딕체나 특징이 도드라지는 서체를 기본으로 사용하면 지나치게 가벼워 보일 위험이 있다. 대신 부드러운 인상의 보조 서체를 활용하여 거리감을 좁힌다. (※ 아래 예시는 이직 및 구직 관련 업체의 광고입니다.)

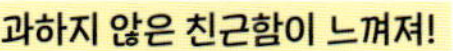

font 기본: 헤이세이 각고딕 W7·W9 보조(장식용): Antro VectraVectra

디자인의 방향성

격식은 지키면서도 편안함을 주어 서비스 이용을 유도한다. 하지만 너무 가볍거나 무른 인상을 주는 것은 피해야 한다. 서비스의 품격이 지켜지도록 유의하자.

적용 서체

헤이세이 각고딕은 본문부터 제목까지 폭넓게 사용되는 전통적이면서 균형 잡힌 서체다. 편안한 느낌을 살리기 위해 영문 필기체를 장식 요소로 활용했다.

작업의 방향성에 맞춰 서체를 고르면, 작업 도중에 찾는 것보다 쉽고 간단하게 적합한 선택지를 찾을 수 있다. 서체 선택이 항상 어렵거나 디자인과 서체가 잘 맞지 않아서 고민이었다면 꼭 이 방법을 시도해보기 바란다.

서체 이미지 도표

서체의 이미지를 대략적인 범위에서 분류해 놓으면 원하는 이미지를 쉽게 고를 수 있다. 이미지는 어디까지나 주관적이지만, 주변 디자인에 활용된 서체를 참고하여 배치해보자. (※ 이번 섹션에 나오는 일문·영문 서체의 경우, 한글이 적용되지 않을 수 있습니다.)

일문 서체의 이미지 도표 예시

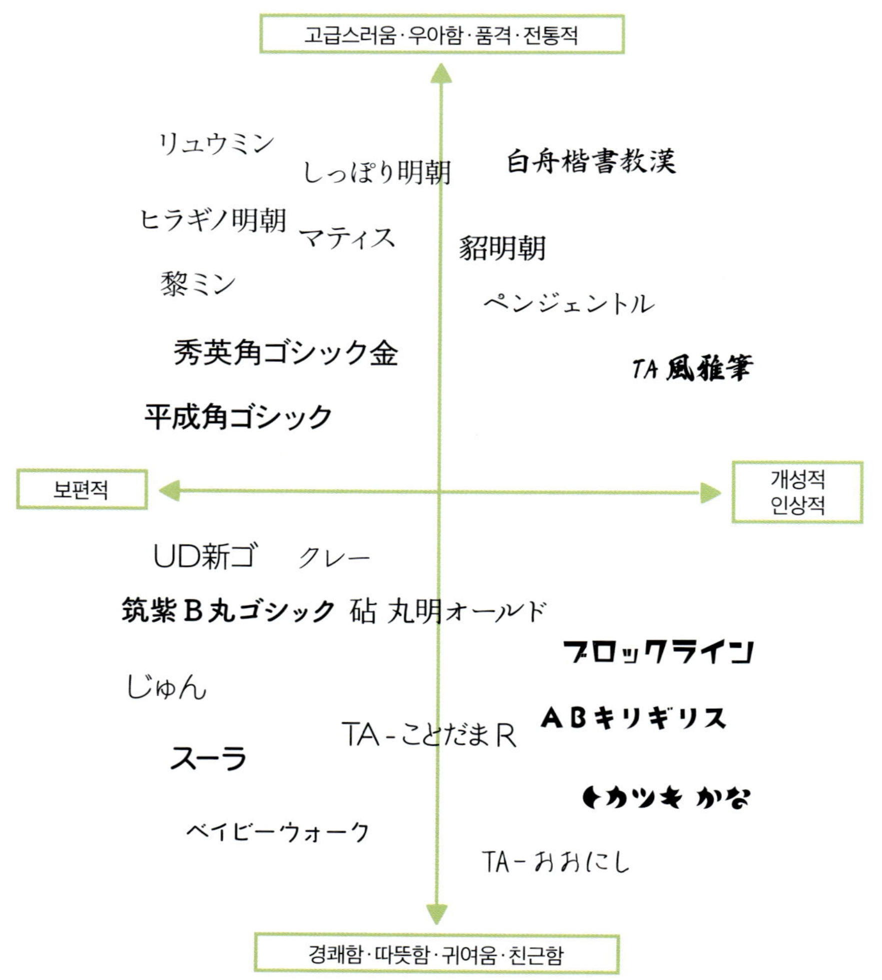

● 굵기와 자간으로 인상이 바뀐다

굵기와 자간을 조정하면 같은 서체라도 인상이 달라진다. 처음에는 서체의 고유한 이미지를 살리고, 조금씩 설정을 바꿔가며 변화를 확인해보자.

Luxury ▶ POP

우아함·세련됨   친근함·강렬함

font (왼쪽) Helvetica Light / (오른쪽) Helvetica Bold

영문 서체의 이미지 도표 예시

고급스러움·우아함·품격·전통적

Garamond

Caslon   **Bodoni**

Baskerville

Avenir

Helvetica   **Futura**

Tangerine

Renata

COPPERPLATE

보편적 ◀——————————————▶ 개성적 인상적

Century

Clarendon

FAIRWATER

Sofia Pro   CHEAP PINE

Shelby

Pacifico

MARVIN   *Duckie*

경쾌함·따뜻함·귀여움·친근함

서체가 고민될 때는 여기서!

선택의 부담을 덜어줄 유용한 서체를 모았다. 가급적 활용도 높고 다루기 쉬우면서 구하기도 어렵지 않은 것으로 엄선했다. 개성이 강한 디자인 서체는 컨셉별로 종류가 무척 다양해서, 적용하기 쉽고 사용 빈도가 높은 것을 선별했다. (※ 이번 섹션에 나오는 일문·영문 서체의 경우, 한글이 적용되지 않을 수 있습니다.)

명조체

デザインは文字で楽しくなる

DNP 슈에이 명조 Pr6

히라가나 '이'와 '하'가 한 획으로 되어 있어서 고전적이고 점잖은 느낌을 준다. 본문에 써도 읽기 편하고, 소제목에 써도 잘 어울린다.

デザインは文字で楽しくなる

히라기노 명조

날카로운 외양이 정갈하고 명료한 인상을 빚어내는 서체. 특색이 강하지 않아서 어떤 맥락에나 활용도가 높다.

デザインは文字で楽しくなる

싯포리 명조

유려한 조형미를 갖춘 서체. 소제목에 자간을 넓혀 사용하면 우아한 공간감이 생기며 분위기가 살아난다.

세리프체

This is your time to shine.

Garamond Premier

세리프체의 대표 격이라고 할 만한 Garamond는, 절제된 고전미와 군더더기 없는 형태로 본문부터 소제목까지 두루 어울린다.

This is your time to shine.

Times New Roman

신문용으로 개발되어 글자가 작아도 읽기 편한 본문용 서체의 전형이다. 진중한 분위기로 신뢰를 표현하기에도 좋다.

This is your time to shine.

Didot

패셔너블하고 선명한 대비가 매력적인 세리프체. 가로획이 섬세하여 작은 글자나 본문용으로는 쓰기 어렵지만, 제목이나 소제목에 적용하면 우아하고 감각적인 분위기가 연출된다.

고딕체

デザインは文字で楽しくなる

히라기노 각고딕

다양한 영역을 아우르는 활용도 높은 서체. 굵기의 선택지가 풍부해서 고민되는 순간마다 꺼내 쓸 수 있는 든든함이 매력이다.

デザインは文字で楽しくなる

유 고딕

윈도우와 맥에 기본 탑재되어 있어서 웹 디자인에도 흔히 사용된다. 야무진 한자와 상대적으로 부피가 작은 가나의 조합이 깔끔하다. 긴 글이라도 읽기 편하다.

デザインは文字で楽しくなる

겐노 각고딕(Noto Sans JP)

히라기노 각고딕과 마찬가지로 정석적인 서체다. 구하기 쉽고 굵기도 다양하게 갖춰져 있어서 사용하기 편리하다.

산세리프체

This is your time to shine.

Helvetica

로고, 소제목, 본문 등 다방면으로 활용되는 기본적이며 안정감 있는 산세리프체의 왕도.

This is your time to shine.

Futura

유명 로고에도 여러 차례 사용된, 기하학적 형태가 근사한 분위기를 자아내는 서체. 굵기에 따라 세련된 이미지부터 경쾌한 이미지까지 확장성이 좋다.

This is your time to shine.

DIN 2014

담백하고 직선적인 형태를 지닌 DIN은 시인성이 탁월한 산세리프체. 날짜, 가격 등 숫자 표현에도 빈번히 사용된다.

This is your time to shine.

Gill Sans

인간미가 있는 곡선이 매력적인 산세리프체. 굵기를 굵게 할수록 친숙함을 느끼고, 로고나 패션 분야에도 많이 사용되고 있다.

デザインは文字で楽しくなる

츠쿠시A 둥근 고딕

일본풍이 가미된 성숙함과 은은한 부드러움이 특징인 서체다. 한자를 제외한 글자에 유연한 필치로 고풍스러움을 더한 츠쿠시B 둥근 고딕도 활용도 높다.

デザインは文字で楽しくなる

Rounded M+ 2p

굵기의 선택지가 다채로워서 용도를 막론하고 활용하기 좋다. 구하기도 쉬워서 시리즈 전체가 여러모로 유용하다.

デザインは文字で楽しくなる

헤이세이 둥근 고딕 Std

글자의 속공간이 넓어서 밝은 인상을 주는 서체. 가독성이 뛰어나서 본문부터 제목까지 폭넓게 대응한다.

デザインは文字で楽しくなる

DNP 슈에이 둥근 고딕 Std

고풍스럽고 부드러운 인상을 지닌 서체. 안정적인 형태 덕에 긴 글에 적용해도 읽기 편하다.

라운디드체

This is your time to shine.

Sofia Pro Soft

기하학적인 Sofia를 바탕으로 하면서도 끝을 부드럽게 둥글려 귀여운 느낌을 더했다. 제목 등에 포인트로 곁들여 쓰기 좋다.

This is your time to shine.

Proxima Soft

매체를 불문하고 활용도 높은 Proxima의 둥근 버전이다. 굵기가 다양해서 통일성을 해치지 않으면서도 변화를 주기 좋다.

THIS IS YOUR TIME TO SHINE.

JAF Domus Titling

과하지 않은 곡선이 은근한 멋을 풍기는 서체. 가는 글꼴은 부드러운 느낌이, 굵은 글꼴은 경쾌한 느낌이 도드라진다.

필기체 & 디자인 서체

AB 앗파레

언뜻 사용하기 까다로워 보이지만, 글자 하나씩 크기를 조정하거나 위아래로 움직임을 주면 일식 선술집 느낌을 간단히 연출할 수 있다.

AB 키리기리스

별다른 효과 없이도 근사한 제목이 완성되는 독특하고 유쾌한 디자인 서체. 배너나 SNS에 쓰기에도 부담 없고, 초보자라도 다루기 쉽다.

후이지

간단한 장식이나 말풍선과 조합하면 포근하고 따뜻한 분위기를 손쉽게 표현할 수 있다.

FOT 쿠레 Pro

연필이나 펜으로 눌러 쓴 듯 유려하면서도 견고한 서체. 손글씨 느낌이지만 가볍지 않아서 품격을 표현하기에도 손색이 없다.

스크립트체 & 데코레이티브체

Snell Roundhand

격식이 느껴지는 정통 스크립트체. 우아하고 고급스러운 표현은 물론 평면에 움직임을 더하는 장식 요소로도 활용할 수 있다.

Shelby

귀여운 곡선이 돋보이는 스크립트체. 캐주얼한 감성을 지녀서 포인트로 가볍게 곁들이기만 해도 세련된 분위기가 된다.

Thirsty Script

레트로하고 빈티지한 맛을 지닌 스크립트체. 카페 스타일부터 이벤트 디자인까지 굵기를 바꿔가며 폭넓게 사용할 수 있다.

서체의 두 갈래, 기본과 개성파

서체는 크게 메인으로 사용하는 **기본 서체**와 결정적 순간에 사용하는 **개성파 서체**, 두 가지로 구분된다. 서체를 무작정 고르기는 어렵지만, **기본과 개성파**라는 대략적인 두 갈래를 파악해두면 선택이 한결 수월해진다. (※ 이번 섹션에 나오는 일문·영문 서체의 경우, 한글이 적용되지 않을 수 있습니다.)

● 먼저 '기본 서체'부터

기본 서체는 디자인에 메인으로 사용하는 서체다. 특징적이지 않고 어디에나 잘 어울리니, 우선은 기본 서체 중에 가장 적합한 것을 선택해서 작업을 시작하면 된다.

한글 서체	영문 서체

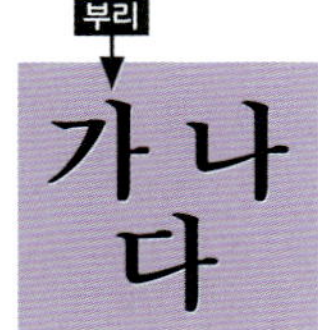

Sandoll 명조

명조체

부리라고 불리는 장식이 있다. 획에 완급이 있어서 긴 글이라도 읽기 편하다. 기품 있고 고전적인 분위기를 지닌다.

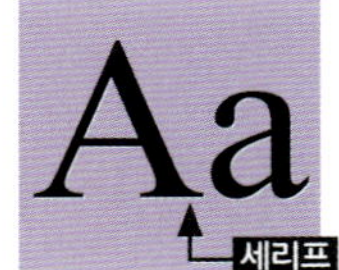

Times New Roman

세리프체(Serif)

세리프라고 불리는 장식이 있다. 획에 완급이 있어서 긴 글이라도 읽기 편하다. 고급스럽고 우아한 분위기를 띤다.

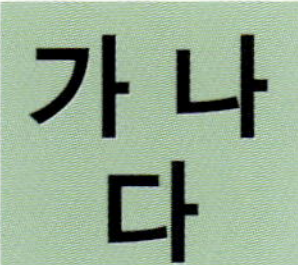

Sandoll 고딕

고딕체

획 굵기가 거의 일정해서 글자의 형태가 또렷해서 시인성이 높다. 간결하고 현대적인 인상을 지닌다.

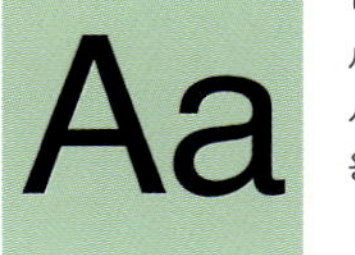

Helvetica

산세리프체(Sans-Serif)

세리프가 없고 획 굵기가 거의 일정해서 작은 글자라도 시인성이 높다. 범용성이 높고 현대적인 인상을 지닌다.

Sandoll 고딕NeoRound

둥근 고딕체

모난 부분 없이 부드러운 형태가 특징이다. 명조체나 고딕체에 비해 유연하고 온화한 인상을 지닌다.

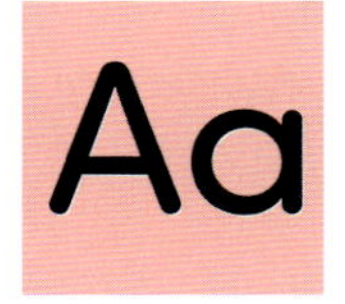

Sofia Pro Soft

라운디드체(Rounded)

매끄러운 곡선이 부드럽고 편안한 인상을 준다. 동글동글하고 발랄한 형태가 귀여운 표현과도 잘 어울린다.

\ Point / 닮은 서체를 세트로 사용하자!

여러 서체를 섞어 쓸 때는 특징과 역할이 비슷한 것끼리 세트로 활용하자. 다음 예시에서도 대부분 이 방식을 적용했다.

\ 품격 있고 아름다워 /

명조체 + Serif

\ 또렷하고 쓰기 편해 /

고딕체 + San Serif

\ 부드럽고 귀여워 /

둥근 고딕체 + Rounded

● 독특하고 인상적인, 개성파 서체

개성파 서체는 무심코 눈길이 가는 이색적인 서체다. 특징이 강해서 기본 서체에 비해 다루기 어렵고 자주 쓰이지는 않는다. 하지만 장식 요소로 밀도를 높이고 싶을 때나 기본 서체로는 표현하기 어려운 분위기를 만들고 싶을 때, 결정적인 순간에 큰 힘이 된다.

한글 서체

(왼쪽) 나눔손글씨 붓　(오른쪽) pln사극체

붓글씨체

붓의 고유한 느낌으로 전통미를 한껏 살렸다. 다양한 종류가 있다.

(왼쪽) SD 테이피　(오른쪽) OG 르네상스 비밀

디자인 서체

특정한 형태나 주제를 바탕으로 디자인된 개성 넘치는 서체. 보통 로고나 제목 같은 포인트 요소에 사용한다.

영문 서체

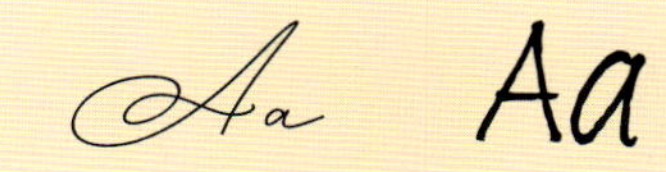

(왼쪽) Mina　(오른쪽) Adobe Handwriting

스크립트체(Script)

필기체나 손글씨 등 강조용이나 장식용으로 활용되는 서체다. 러프하고 자유분방한 인상을 준다.

(왼쪽) Marvin　(오른쪽) Waldo Shadow

데코레이티브체(Decorative)

제목이나 장식 요소 등 포인트 역할로 활약하는 독창적 서체다. 종류에 따라 인상이 제각각이고 개성이 강하다.

\Point/ 개성파 서체는 포인트로 활용하자!

개성파 서체를 로고나 제목에 메인으로 사용하면 강한 인상을 남길 수 있지만, 활용의 폭이 넓지는 않다. 우선은 기본 서체를 중심으로 작업하고, 어딘가 심심하거나 허전해 보일 때 포인트로 개성파 서체를 섞어 쓰면 효과적이다.

명조체 + Serif

고딕체 + San Serif

둥근 고딕체 + Rounded

\+

필기체
디자인 서체
DECORATIVE
Script

장식이나 강조 등 포인트 요소로!

● 감성적이고 읽기 편한, 명조체와 세리프체

이제 기본 서체 중에서 특징과 역할이 닮은 서체를 한데 묶어 보자. 먼저 명조체와 세리프체는 긴 글이라도 부드럽게 읽히는 것이 특징이다. 둘 다 획 굵기에 완급이 있어서 정갈한 인상을 준다. 굵기에 따라 분위기가 달라지지만, 감성적인 표현에 잘 어울린다.

명조체의 이미지 예시

맑고 높은 하늘　　　맑고 높은 하늘　　　맑고 높은 하늘

우아함
기품
섬세함
투명감

← 굵기 →

엄격함
신뢰감
전통적
설득력

세리프체의 이미지 예시

All is well.　　　All is well.　　　**All is well.**

세련됨
기품
섬세함
신비로움

← 굵기 →

권위적
강인함
중후함
전통적

\ Point / 명조체와 세리프체는 이럴 때!

감성적인 표현에

고급 · 품격 · 양질 · 우아함 · 신뢰감 · 역사성 · 경외감 · 운치 등을 연출하기 좋다.

긴 글과 본문에 최적

글이 길어져도 스트레스 없이 잘 읽힌다.

\ 술술 읽혀! /

나는 고양이이다. 이름은 아직 없다. 어디에서 태어났는지 확실히 알 수 없다. 다만 희미하게 기억나는 것은 어딘가에서 야옹야옹 울고 있었다는 것이다.

● 여백에서 감도는 우아한 여운

고급스러운 느낌, 높은 품격, 성숙한 분위기를 만들고 싶을 때 명조체와 세리프체는 아주 유용하다. 여백을 넉넉히 두거나 컨셉에 맞는 요소를 함께 배치하면, 다른 서체에서는 느낄 수 없는 정취와 멋을 담을 수 있다. 기품을 한껏 살리고 싶다면 먼저 명조체와 세리프체를 활용해보자.

고급스러움이 부족해...

font Helvetica Neue, Sandoll 고딕Neo1

우아함이 깃드니 고급스러워졌어!

font Bodoni URW, Sandoll 설야

또렷하고 다재다능한, 고딕체와 산세리프체

다음으로 고딕체와 산세리프체는 선의 굵기가 거의 일정해서 글자가 또렷이 읽힌다. 심플한 형태가 어디에든 잘 어우러져서 활용도가 매우 높다. 존재감이 강한 카피나 제목을 비롯해, 용도와 매체를 불문하고 다방면으로 쓰기 좋다.

고딕체의 이미지 예시

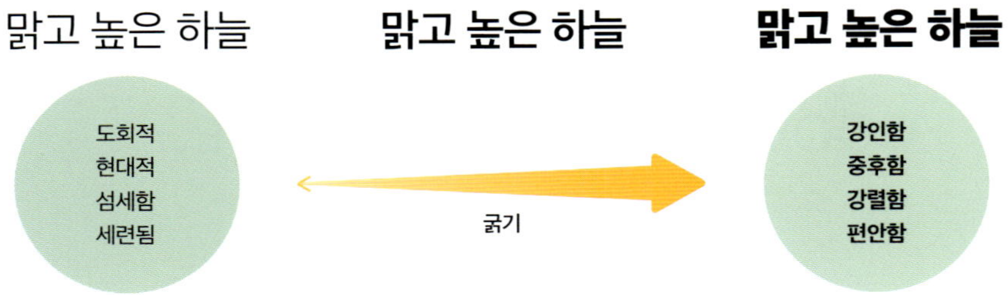

맑고 높은 하늘
맑고 높은 하늘
맑고 높은 하늘
도회적
현대적
섬세함
세련됨
굵기
강인함
중후함
강렬함
편안함

산세리프체의 이미지 예시

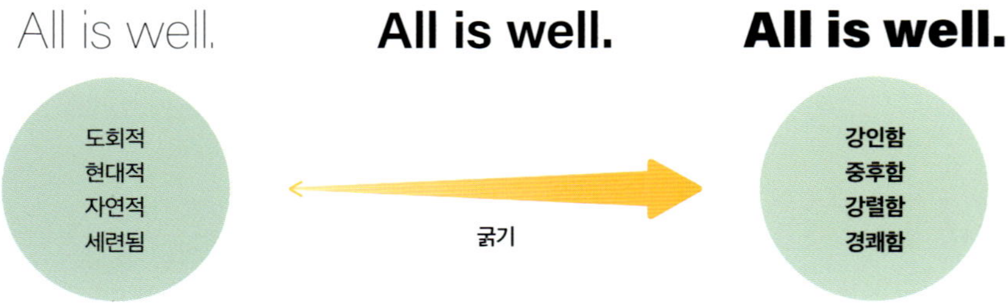

All is well.
All is well.
All is well.
도회적
현대적
자연적
세련됨
굵기
강인함
중후함
강렬함
경쾌함

\Point/ 고딕체와 산세리프체는 이럴 때!

글자를 강조할 때

광고 카피·제목·머리말·간판 등 눈길을 끌고 싶은 정보에 적합하다.

VISUAL
디자인 입문
DESIGN
30%OFF
쿠폰

읽기보다 보기

긴 글보다는 핵심을 간결하게 보여주는 발표 자료나 이미지에 특히 효과적이다.

POINT
1 맛있다
2 빠르다
3 싸다
배달도
가능!

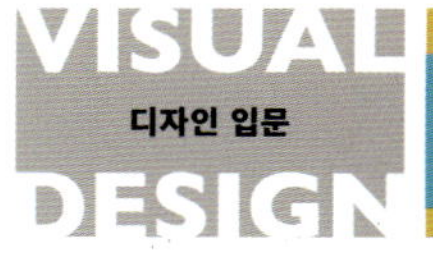

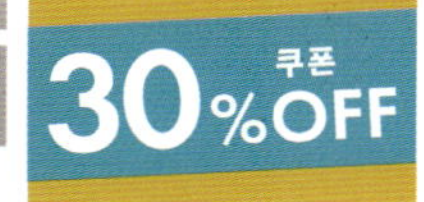

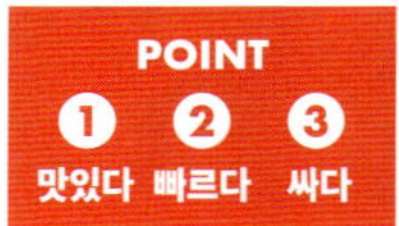

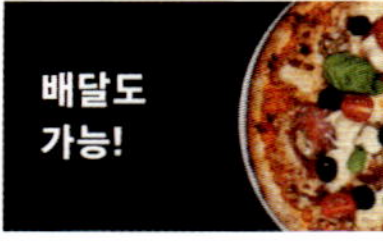

● 간결함에서 오는 폭넓은 표현력

고딕체와 산세리프체는 어떤 디자인이든 잘 녹아들기 때문에, 서체 선택이 고민일 때 믿고 쓸 수 있는 든든한 카드다. 다른 서체처럼 자기주장이 강하지 않은 만큼, 경쾌한 분위기부터 현대적인 표현까지 폭넓게 소화한다. 반면 명조체의 무게감과 둥근 고딕체의 가벼움 사이를 유연하게 오가는 균형 잡힌 서체다.

서체가 너무 가벼워 보여...

font Sandoll 고딕NeoRound , Sofia Pro Soft

포멀한 인상이 무게감을 실어줘!

font Sandoll 격동고딕, DIN 2014

부드럽고 귀여운, 둥근 고딕체와 라운디드체

둥근 고딕체와 라운디드체는 둥글고 부드러운 인상의 서체다. 포근하고 따뜻한 인상으로 경직된 분위기를 완화하거나 부드러운 이미지를 만드는 데 효과적이다. 다만 지나치게 가벼운 인상을 줄 수 있어 비즈니스 관련 디자인에는 어울리지 않을 때도 있다.

둥근 고딕체의 이미지 예시

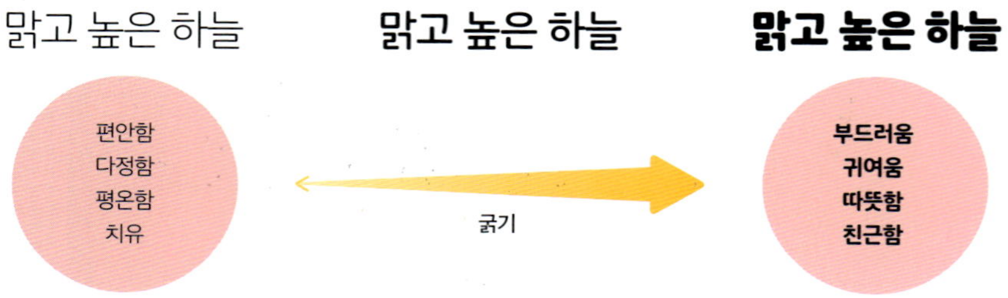
맑고 높은 하늘
맑고 높은 하늘
맑고 높은 하늘
편안함
다정함
평온함
치유
굵기
부드러움
귀여움
따뜻함
친근함

라운디드체의 이미지 예시

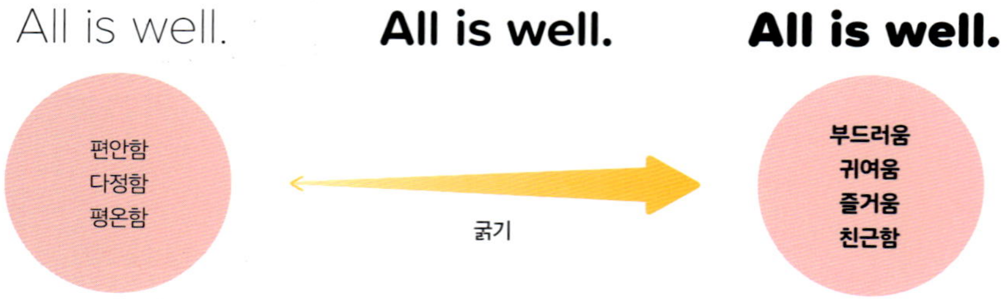
All is well.
All is well.
All is well.
편안함
다정함
평온함
굵기
부드러움
귀여움
즐거움
친근함

\Point / 둥근 고딕체와 라운디드체는 이럴 때!

부드러운 이미지에

귀여움·즐거움·아이들·친근함·부드러움·포근함·자상함·자연 등을 표현할 때에 유용하다.

렛츠 플레이!
KIDS
LAND

긴장감 완화

무거운 긴장감과 불안감을 누그러뜨리고 싶을 때도 효과적이다.

제대로 받자!
건강검진

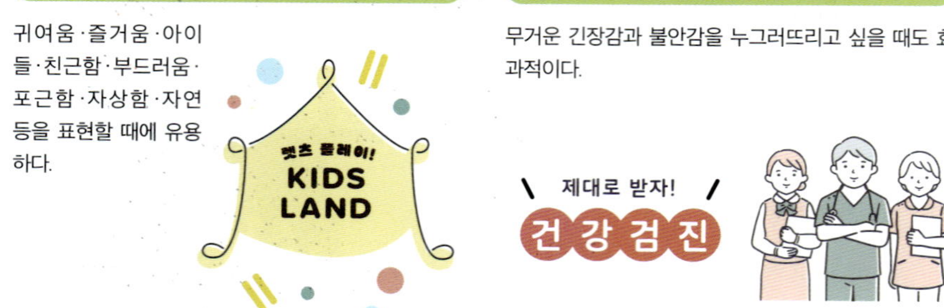

● 단숨에 인상을 바꾸는 곡선의 부드러움

일러스트 없이도 부드럽고 따뜻한 분위기를 내고 싶다면 둥근 고딕체와 라운디드체를 써보자. 특히 제목
이나 머리말에 활용하면 다정하고 포근한 분위기로 자연스럽게 바뀐다.

좀 더 포근한 온기를 담고 싶어...

font Sandoll 명조Neo1 , Adobe Caslon Pro

부드러운 인상이 제품의 매력을 끌어올려!

font Sandoll 크림빵, Domus Titling

● 신중하게 사용해야 하는, 개성파 서체

개성파 서체는 종류가 정말 다양하다. 귀여운 것부터 익살스러운 것까지 영감을 자극하는 디자인이 아주 많다. 하지만 이름 그대로 개성이 강해서, 무턱대고 쓰다가는 중심을 잃기 쉽다. 작업의 방향성에 맞춰 신중하게 선택하자.

개성파 서체의 이미지 예시

* 개성파 서체는 무료 서체를 포함하면 그 종류가 무수히 많으므로,
여기서는 Adobe Fonts 위주로 소개한다.

즐거운 느낌	귀여운 손글씨	우아한 예서체
青くて広い海	青くて広い海	青くて広い海
AB Tombo Bold	TA 코이고코로	HOT- 하쿠슈 예서 R
미스터리	고인체 호러	편안한 느낌
青くて広い海	青くて広い海	青くて広い海
쿠로바라 신데렐라	HOT- 하쿠슈 고인체	AB- 워크
타자기	도트	입체
Take it easy.	Take it easy.	TAKE IT EASY.
American Typewriter	AB-megadot 9	Sutro Shaded Primary
독특한 손글씨	거친 질감	팝 스타일
Take it easy.	TAKE IT EASY.	TAKE IT EASY.
Providence Pro	BMX Radical	Droog

\Point / 개성파 서체는 이럴 때!

작은 변화가 필요할 때

필기체나 손글씨 서체를 곁들이면 움직임과 변화가 생기면서 인상이 풍부해진다.

타이틀 디자인에

그대로 써도 제목 느낌을 낼 수 있고, 변화를 더하면 개성이 한층 뚜렷해진다.

● 개성파 서체를 과감하게 주인공으로

개성파 서체는 특징이 강해서 다루기 까다로운 편이다. 평소에는 디자인에 변화를 주는 포인트 요소 정도로 활용하기를 추천하지만, 오히려 개성을 살려 과감하게 주인공으로 활용하면 독창성이 살아나고 임팩트가 강해진다. (※ 아래 예시는 어린이 로봇 프로그래밍 광고입니다.)

나쁘지는 않지만 너무 밋밋해… 

font 헤이세이 둥근 고딕 Std

개성파 서체로 바꾸니 인상적이야! 

font AB Tombo Bold

서체 한 쌍으로 시작하자

너무 많은 서체를 한 번에 사용하면 통일감이 떨어지고 메시지가 제대로 전달되지 않는다. 물론 여러 서체를 능숙하게 섞어 쓰는 기술도 있지만, 우선 서체를 각각 한 종류씩 사용하면서 기본기를 다져보자.

● 서체를 줄이면 통일성은 커진다

서체 하나로는 부족하다고 느낄지 모르지만, 제대로 고른 서체 한 종류만으로 충분할 때도 의외로 많다. 서체가 늘어날수록 통일감을 주기 어려워지니, 특별한 이유 없이 서체를 늘리는 것은 추천하지 않는다.

서체 종류가
너무 많으니
산만한 느낌…

통일감이 생겼어!

font 한글: SD 잔, 영문: Garamond Premier Pro Italic

● 서체는 세 가지를 넘기지 말자

서체 활용이 능숙해지면 가짓수를 조금씩 늘려가며 표현의 폭을 넓혀보자. 이때 전체적인 통일감을 해치지 않도록 **한 디자인에 2~3종류**로 제한하는 것이 핵심이다.

font Sandoll 고딕Neo1

font Sandoll 고딕Neo1, Sandoll 정체

\Point/ 서체를 조합하는 순서

❶ 먼저 기본 서체 하나로 레이아웃을 짠다.

❷ 각 요소의 역할을 고려하여 의도에 맞는 서체를 선택한다.

내용을 빠르게 전달하고 싶다

획이 굵은 고딕체

여유롭고 품격 있게 보여주고 싶다

고급스러운 명조체

❸ 전체적인 분위기와 어울리는지 확인한다.

● 굵기로 이미지를 바꾸자

제목과 카피, 캡션 등을 하나의 서체로만 구성할 때, 전부 동일한 굵기로 맞추면 자칫 무미건조한 인상이 될 수 있다. 같은 서체라도 굵기에 차이를 주면, 굳이 서체 종류를 늘리지 않고도 강약을 조절하거나 디자인의 인상을 새롭게 바꿀 수 있다.

font Avenir Medium

제목을 굵은 글꼴로 바꾸니
리듬감이 생겼어!

가는 글꼴로 바꾸니 세련돼 보여!

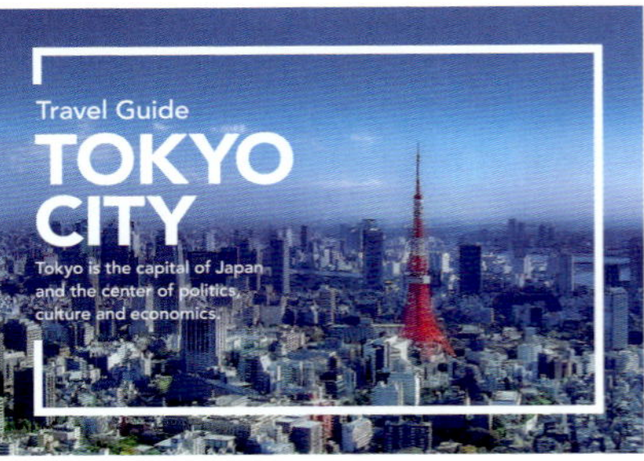

font Avenir Medium / Black

font Avenir Medium / Light

\Level Up/ 굵기 활용, 이렇게도 해보자

강조	제목과 본문 구별	포인트 효과
여러 번 말하지만, 나는 **디자인**을 좋아한다.	**친구초대 이벤트** 친구를 초대하면, 친구와 추천인에게 각각 할인쿠폰을 드립니다.	**FAIRY**TALE
Sandoll 고딕Neo1 04 Regular/07 Boldold	본고딕 Bold/Normal	Gill Sans SemiBold/Light

● **풍부한 서체 가족을 활용하자**

앞 페이지의 예시처럼 굵기나 기울기 등에 변화를 준 글꼴 모음을 '서체 가족'이라고 한다. 서체 가족에 속한 글꼴들은 디자인 컨셉과 장식적 특징을 공유하기 때문에 여러 글꼴을 섞어 써도 통일성을 유지하기 쉽다. 구성이 풍부한 서체 가족을 활용하면 서체 종류를 줄일 수 있다.

한글 서체의 서체 가족 예시 (Sandoll 고딕Neo1)

가	가	가	가	가	가	가	가	가
01 Thin	02 UltraLight	03 Light	04 Regular	05 Medium	06 SemiBold	07 Bold	08 ExtraBold	09 Heavy

영문 서체의 서체 가족 예시 (Acumin)

A	A	A	A	A	A	A	A	A
Thin	Extra Light	Light	Regular	Medium	SemiBold	Bold	Black	Ultra Black

A	A	A
Italic	Condensed (Narrow)	Wide (Extended)

\Point / **비슷하지만 다르다! 이탤릭과 오블리크**

이탤릭과 오블리크는 얼핏 보면 기울어진 형태가 비슷해 보인다. 하지만 두 종류가 모두 있다면 이탤릭을 사용하자. 세리프체에서는 특히 차이가 확연하다.

Hello

이탤릭(Italic)

필기체의 자연스러운 곡선을 살리고 디테일을 정교하게 다듬어 조형미가 뛰어나다.

Hello

오블리크(Oblique)

단순히 기울이기만 했을 뿐이라, 글자에 따라 가늘어 보이거나 왜곡된 부분이 있다.

제목다운 제목을 만드는 비법

초보 디자이너가 특히 어려워하는 부분이 바로 제목 디자인이다. 제목은 눈길을 끄는 도구일 뿐만 아니라 내용의 전체적인 인상을 만드는 핵심 요소이기 때문에 다른 부분과 명확히 구별되어야 한다. 원형 그대로의 서체가 어딘가 아쉬웠다면, 제목의 존재감을 한껏 끌어올리는 요령을 익히고 실전에 적용해보자. (※ 이번 섹션에 나오는 일문·영문 서체의 경우, 한글이 적용되지 않을 수 있습니다.)

● 스타일리시한 제목을 만드는 한 수

다음 페이지부터 소개할 10가지 기술을 조합하면, 아래 예시처럼 평범한 제목도 매력적인 모습으로 바뀐다. 수많은 제목 디자인 기술 중에서도 특히 활용도 높고 효과적인 것들만 골라 담았으니, 가벼운 마음으로 하나씩 작업에 활용해보자. (※ 아래 예시는 수족관 체험 전시 광고입니다.)

전혀 제목답지 않아...

매력 넘치고
메시지도 강력해!

\Point/ 제목 디자인의 요령

❶ 굵은 서체를 사용하면 제목다운 느낌을 주기 쉽다.

❷ 처음부터 여러 기술을 섞어 쓰지 말고 하나씩 차근차근 써보자.

❸ 지나치게 멋을 부리다 오히려 방향을 잃기 쉽다. 간단한 변형만으로도 충분하다.

● 변화는 작아도 효과는 크다

한정된 작업 기간을 맞추려다 보면 제목 디자인에 충분한 시간을 쏟기 어려울 때도 많다. 그럴 때는 작은 변화만 주어도 그럴듯한 제목을 충분히 만들어 낼 수 있다.

글자 크기로 강약 조절

일부 글자를 작게 만드는 간단한 방법이다. 크기를 줄이기만 하면 기준선이 어긋나니, 마무리로 정렬을 꼭 점검하자.

리듬이 생기면서 제목다운 느낌이 나!

真白い星のミツバチ

font DNP 슈에이 니지미 명조 Std

글자 곁들이기

제목의 번역문이나 부제목을 추가하는 방법이다. 글자들이 한 덩어리로 인식되어 제목의 존재감이 커진다.

은근하지만 효과는 확실해!

なるほど英会話

SPEAKING IN ENGLISH

font A-OTF UD 신고 Pro / Futura

\Level Up/ **이것저것 곁들이자** 간단한 그래픽 요소만으로 완성도 높은 제목이 만들어진다. 다양하게 곁들여 보자!

| 아치 형태의 글자 | 집중선 | 제목 분리 |

● **장식 요소를 더하자**

글자만 배치하기 허전할 때는 장식을 더해보자. 어렵게 느껴지는 제목 디자인이지만, 기본 텍스트에 장식만 추가해도 단번에 제목다운 밀도감이 살아난다.

리본 장식

리본 장식을 활용한 스타일이다. 이벤트나 캠페인 등 다양한 상황에 두루 어울리며, 손쉽게 제목의 존재감이 커진다.

축하하는 분위기에 딱 맞아!

font Proxima Soft / 츠쿠시 A 둥근 고딕

선·프레임 장식

선이나 프레임으로 제목 주변을 장식하는 기법이다. 제목과 다른 요소가 명확히 구분되어 간단하면서도 시각적 효과가 크다.

꾸미지 않은 기본 서체인데도 눈길을 끌어!

font 유 고딕체

\Level Up/ **선·프레임 이미지 예시**

단순한 선만으로도 짜임새 있는 제목이 된다. 또한 선과 프레임의 형태에 따라서도 완전히 다른 분위기가 만들어진다.

CROWD SOURCING

간단한 선

VALENTINE'S DAY

손그림 스타일

Photo Gallery

프레임

● 긴 제목도 깔끔하게 정리하자

제목에 들어가는 글자 수가 많으면 시선이 분산되거나 구성이 흐트러지기 쉽다. 글자 수가 적을 때는 물론, 많을 때라도 깔끔하게 제목을 완성하는 방법을 소개한다.

양끝 맞추기

글의 양옆 선을 맞추는 정렬 방식이다. 제목 자체가 길거나 부제목을 함께 배치해야 할 때 유용하다. 간단하게 탄탄한 제목이 만들어 진다.

배치가 안정적이라 레이아웃이 쉬워졌어!

font 헤이세이 둥근 고딕 Std

말풍선 활용하기

말풍선 장식으로 긴 문장을 감싸는 방법이다. 다양한 말풍선의 형태를 글자 수에 맞춰 유연하게 적용할 수 있다.

자연스러운 구성에 친근함까지 느껴져!

font DL V7 둥근 고딕

\Level Up/ **말풍선의 다양한 종류**

말풍선은 쓰임새가 좋고 종류도 다양하다. 글자 수와 이미지에 맞춰 선택하자.

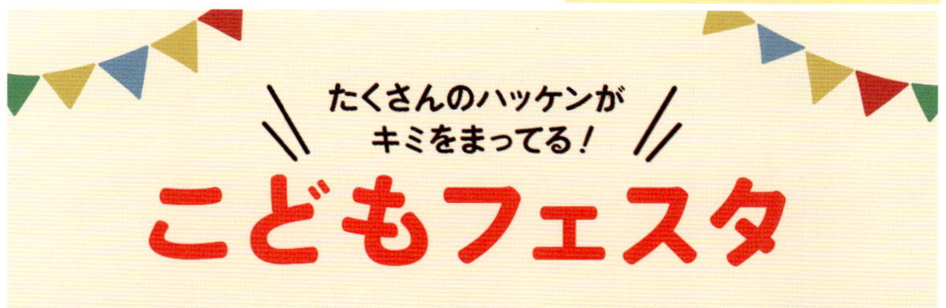

기본형　　　　　　　　부제목 스타일　　　　　　　　손그림 스타일

● **독창적인 매력으로 눈길을 끌자**

남다른 비주얼로 자신만의 스타일을 표현하고 싶다면 이 방법을 추천한다. 강렬한 인상이 돋보이는 개성적인 제목을 만들 수 있다.

개성파 서체 활용

개성파 서체의 특징을 과감하게 살리면 복잡한 기교 없이도 눈에 띄는 제목이 된다. 변화를 더하면 색다른 매력이 한층 도드라진다.

font 쿠로바라 신데렐라

글자를 모티프로 바꾸기

일부 글자를 컨셉과 연관된 모티프로 바꾸는 방식이다. 바꾸기 어렵다면 곁들이는 것도 좋다.

font Mighty Slab

\Level Up/ **모티프를 활용한 제목 아이디어** 모티프로 제목을 디자인하면 메시지가 명료해지는 효과도 얻을 수 있다.

모티프 추가하기　　　　한 글자를 모티프로 바꾸기　　　　모티프로 감싸기

● 글자 조정으로 분위기를 바꾸자

글자 자체를 조정하면 평범한 글자에서 새로운 분위기를 끌어낼 수 있다. 글자 효과는 초보 디자이너에게도 어렵지 않은 것부터 전문가에게 유용한 고난이도 기술까지 다양하다. 여기에서는 간단하면서도 변화가 뚜렷하게 드러나는 방법 위주로 살펴보자.

자유로운 움직임

한 글자씩 상하좌우로 움직이거나 회전시키는 방법이다. 단조로움이 사라지고 제목의 존재감이 강해진다.

font Proxima Soft / 츠쿠시 A 둥근 고딕

핀 어긋남 효과

글자의 선과 면을 의도적으로 어긋나게 배치하여 세련된 여유를 표현하는 방법이다. 제목이나 머리말에는 물론, 강조 포인트로도 제격이다.

font Gill Sans

\ Level Up / 다양한 글자 효과

글자 효과는 디자인을 풍성하게 만드는 유용한 도구이니, 적극적으로 응용해보자!

青空フリマ

일부분에 색 넣기   입체 효과   일부분 잘라내기

디자인을 많이 접하자

"좋은 아이디어가 떠오르지 않아….."
"시행착오를 반복하다 결국 벽에 부딪혔어….."
"마감에 쫓겨서 고민할 시간조차 없어….."

디자이너라면 누구나 이런 경험이 있지 않을까? 신입 디자이너 시절의 나에게는 일상다반사였다. 시안 하나에 몇 시간씩 매달리기 일쑤였고, 비효율적으로 작업하다 보니 업무도 머리도 늘 과부하 직전이었다.

이런 악순환에 한 줄기 빛이 비친 것은, 어떤 습관을 만들고부터였다. 바로 디자인 작업을 많이 보는 습관이다.

출근길에 주변을 둘러보면 간판과 포스터를 비롯하여 잡지, 디지털 사이니지, 웹 광고와 상품 패키지까지 무수히 많은 디자인을 발견할 수 있다. 그중에는 효과적으로 강렬한 인상을 남기는 것도 있고, 글자를 잘못 배치하는 바람에 읽기 힘든 것도 있다. 우리 주변은 이렇듯 놀라울 만큼 힌트로 가득 차 있다. 발견한 작업물의 장단점을 살펴보고 '이유가 뭘까?'라며 파고들다 보면, 레이아웃과 배색의 기술부터 표현 방법까지 자신에게 부족한 요령과 아이디어가 자연스레 쌓여간다.

이때 정말 중요한 한 가지가 있다. 그렇게 얻은 힌트를 활용하여 가상의 광고를 직접 만들어 보는 것이다. 지식이 복습으로 체화되듯이, 디자인은 실천을 통해 체득된다. 다른 사람의 디자인은 쉽게 잊히지만 자신의 디자인은 기억에 오래 남지 않던가. 보는 데서 그치지 않고 실행에 옮기면서 얻는 깨달음도 결코 적지 않다.

작업 효율을 끌어올리고 퀄리티를 높이는 비결은 끊임없는 관찰과 고민, 그리고 꾸준한 실천에 있다. 하지만 처음에는 배울 것이 워낙 많다 보니 생각만큼 시간을 내기 어렵게 마련이다. 출퇴근 시간이나 점심시간 같은 틈새를 야무지게 활용하여 많은 디자인을 접하다 보면 세계가 달라질지도 모른다.

상상대로 완성되는
색과 배색의 기술

색의 특징과 인상을 파악하자

디자인 작업에서 색은 **빼놓을 수 없는** 기본 요소지만, 색을 고를 때는 늘 고민이 따른다. 흔히 색을 다루는 능력은 타고난다고 생각하지만, 사실 논리만 이해하면 누구나 센스 있는 답을 찾아낼 수 있다. 우선 색이 주는 효과와 배색에서 연상되는 이미지를 알아보자. 색을 고를 때 느끼는 막막함이 확연히 줄어들 것이다.

● 색이 주는 효과

빨간색을 보면 더위를 느끼고, 파란색을 보면 마음이 차분해진다. 이처럼 색에는 온도를 표현하거나 감정을 움직이는 효과가 있다. 색을 고를 때는 저마다의 고유한 효과를 힌트 삼아 어떤 색이 가장 어울릴지 고민해야 한다.

난색

빨간색, 주황색.
노란색 계열의 따뜻함이 느껴지는 색.
활기와 에너지를 주는 특징이 있다.

한색

파란색.
하늘색 계열의 차가움이 느껴지는 색.
마음을 진정시키는 효과가 있다.

따뜻함 ← → **차가움**

중립

중성색

온도가 느껴지지 않는 색.
함께 사용하는 색에 따라
인상이 달라진다.

● 색에서 연상되는 이미지

분홍색을 보면 '봄'이나 '사랑스러움'을 연상하듯, 색에는 저마다 연상되는 이미지가 있다. 사람마다 조금씩 차이는 있지만, 대표적인 이미지를 알아두면 감각에만 기대지 않고 목적에 맞춰 색을 고를 수 있다.

	구체적인 이미지	추상적인 이미지
빨간색	불 토마토 고추  	열정·분노 활동적 위험  
주황색	귤 노을 단풍  	활기·생기 따뜻함 즐거움  
노란색	바나나 병아리 해바라기  	밝음 희망 주의  
초록색	개구리 잎사귀 채소  	친환경 건강 안심  
파란색	물 하늘 바다  	신뢰 차가움 성실함  
보라색	포도 라벤더 보석  	신비 이국적 우아함 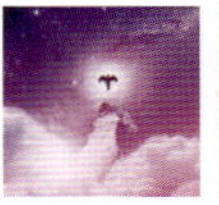 
분홍색	벚꽃 하트 복숭아  	로맨틱 사랑스러움 애정  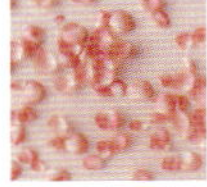

색	구체적인 이미지			추상적인 이미지		
갈색	흙 초콜릿 나무			전통 포근함 소박함		
연두색	신록 키위 멜론			싱그러움 젊음 치유		
하얀색	눈 우유 토끼			청결 순수 투명감		
회색	도시 구름 콘크리트		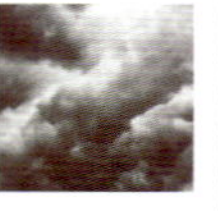	차가움 우아함 세련됨		
검은색	밤 먹물 까마귀			고급 격식 어둠·무(無)		
은색	은 기계 동전	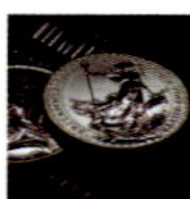		왜 날카로움 발전 고품질		
금색	금화 주얼리 화폐			프리미엄 호화 풍요		

\ Point / 색채 이미지의 개인차

1. 같은 색을 보더라도 나이나 성별, 경험이나 문화적 배경 등에 따라 이미지가 다르다.
2. 아이들은 구체적인 이미지를 떠올리는 경향이 있다.
3. 성장함에 따라 추상적인 이미지를 연상하게 된다.

● 목적과 컨셉에 맞는 색을 찾자

디자인의 목적과 컨셉이 색채 이미지와 어긋나면, 전달하려는 의도가 흐려져 효과를 제대로 발휘하기 어렵다. 아래 예시에서 제품의 매력을 극대화하려면 차가운 한색보다 따뜻한 난색이 유리하다. 색의 효과와 인상을 충분히 고려하여 목적과 컨셉에 맞는 색을 선택하자.

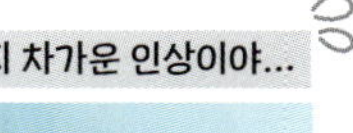

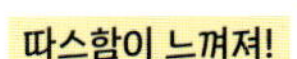

● 색 조합에서 연상되는 이미지

여러 색을 함께 사용하면 단색과는 다른 이미지가 연상되고, 때로는 컨셉을 보다 선명하게 구현하기도 한다. 단색뿐만 아니라 색 조합에 따른 이미지까지 파악해두면 메시지를 효과적으로 전달할 수 있다. 자주 사용하는 배색 사례를 참고하여 디자인에 활용해보자.

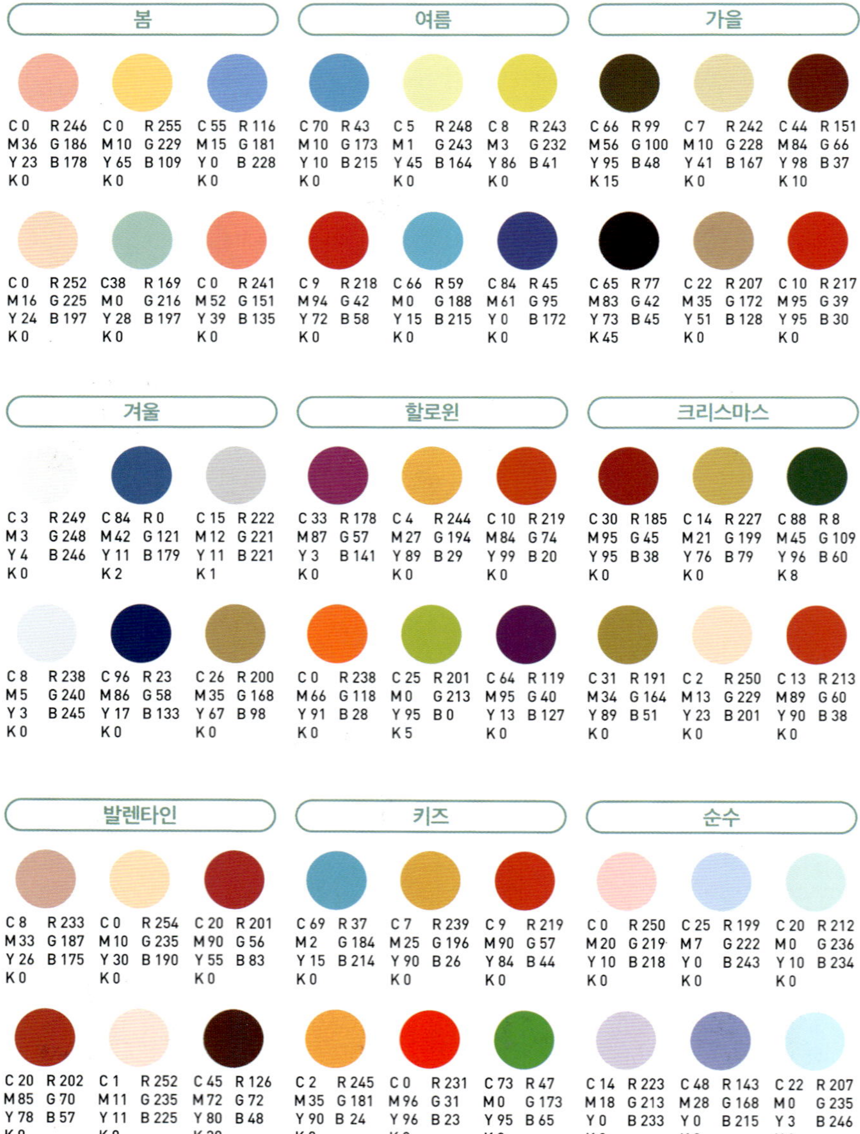

● 어렴풋한 이미지를 선명하게 살리자

단색만으로는 어렴풋하던 이미지도, 여러 색을 조합하면 한층 선명해진다. 원하는 분위기를 구체적으로 보여주고 싶을 때 유용하다.

C 0   R 237
M 65   G 122
Y 23   B 143
K 0

단색도 화사하긴 하지만 계절감은 조금 부족해...

C 28   R 199
M 5   G 213
Y 70   B 103
K 0

C 0   R 255
M 10   G 229
Y 70   B 95
K 0

C 50   R 131
M 0   G 204
Y 20   B 210
K 0

C 0   R 237
M 65   G 122
Y 23   B 143
K 0

봄이 연상되는 배색을 사용하니 계절감이 풍부해졌어!

1색으로 깔끔하게 완성하자

배색이 어려울 때는 1색을 포인트로 쓰는 심플한 디자인을 시도해보자. 1색만 고르면 되니 간단하면서도, 화려한 디자인에 비해 색 자체의 이미지가 강하게 드러난다. 1색만 사용해도 흡인력 있는 표현부터 감각적인 분위기까지 다양하게 연출할 수 있다.

● 무채색을 조합하자

1색 디자인의 포인트는 컨셉에 어울리는 색 하나를 골라서 무채색과 조합하는 것이다. 불필요한 색을 걷어내니 메인 컬러가 돋보이고, 심플하면서도 노련함이 묻어나는 디자인이 완성된다. 무엇보다 배색에 실패할 확률이 낮아지니 초보 디자이너라도 부담이 적다.

C 62　R 88
M 0　G 191
Y 30　B 189
K 0

배색이 너무 어려워...

심플하게 완성됐어!

\ Point / 무채색과 유채색

색에는 무채색과 유채색, 두 종류가 있다. 색감 유무로 기억하자!

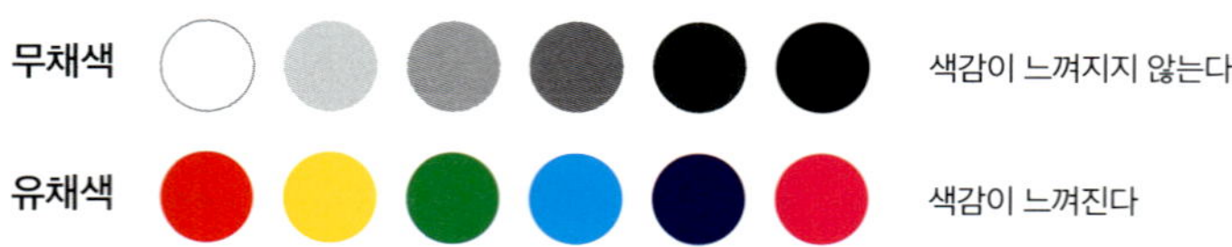

● 손쉽게 확장하자

1색과 무채색을 배색한 디자인은 매체나 목적에 맞춰 확장하기 편리하다. 색을 반전시키기만 해도 새로운 분위기로 간단히 바꿀 수 있다.

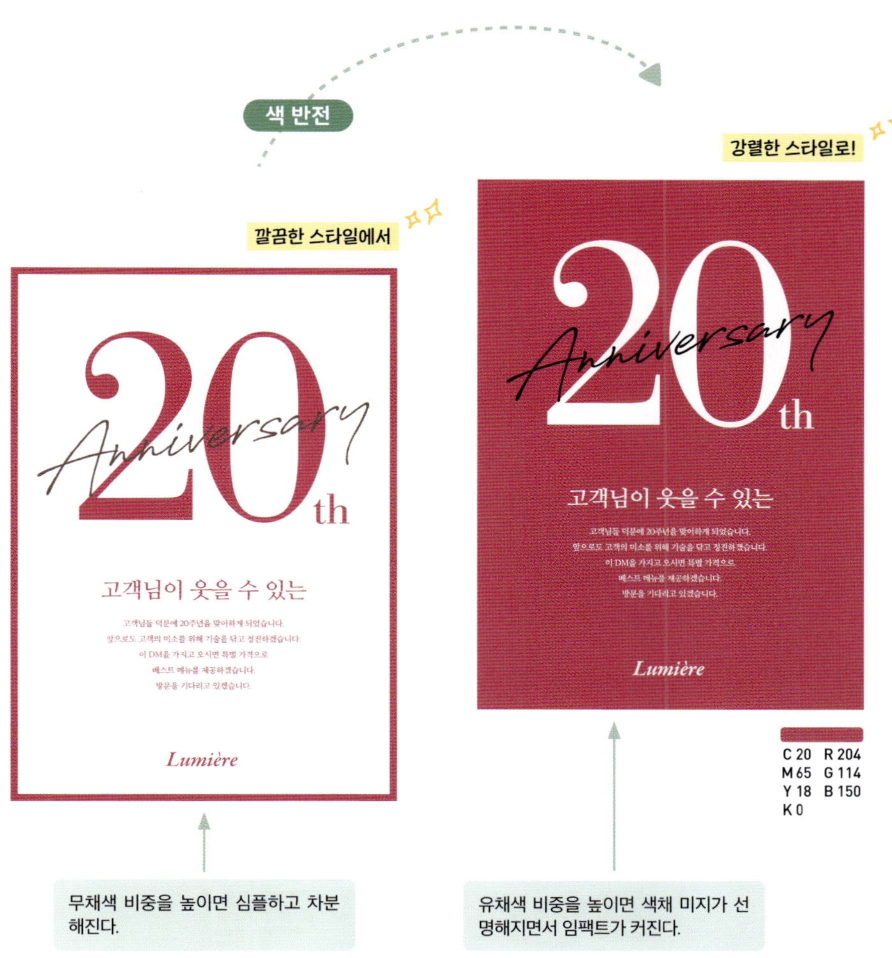

무채색 비중을 높이면 심플하고 차분해진다.

유채색 비중을 높이면 색채 미지가 선명해지면서 임팩트가 커진다.

\ Point / 1색을 고르는 방법

① 전달하려는 이미지나 색이 주는 효과를 참고한다.

② 로고 색상이나 테마 컬러가 있다면 우선적으로 활용한다.

● 배경에 1색을 더하자

필요한 요소를 다 배치하고서도 어딘가 허전하다면, 포인트 색으로 배경에 장식을 곁들여서 밀도를 높여보자. 아래 예시처럼 제목과 겹쳐도 되고, 배경 전체에 흩뿌리는 것도 좋은 방법이다. 장식의 형태로는 컨셉에 어울리는 일러스트나 실루엣을 추천한다.

C 21　R 213
M 4　G 226
Y 32　B 189
K 0

● 흑백 사진과 1색의 감각적 매치

사진을 활용해서 시선을 끄는 디자인을 만들고 싶다면, 흑백 사진에 1색만 추가해서 시크한 분위기를 연출해보자. 색과 사진이 서로의 매력을 끌어올려 인상적인 비주얼을 만들어 낸다.

C 17　R 225
M 0　G 228
Y 86　B 50
K 0

흑백 사진과
포인트 컬러가
잘 어울려!

\Level Up/ 간단하고 유용한 흑백 사진과 1색 조합 기법

부분 채색

색 배경

색 패턴

● 명도와 채도로 변화를 주자

사용하는 색을 하나로 유지하면서도 가독성을 높여야 하거나 일부분을 강조하고 싶을 때가 있다. 그럴 때는 명도와 채도를 가볍게 조정해서 자연스러운 변화를 만들어 보자.

글자가
잘 안 보여...

가독성이 떨어지면 정보가 제대로 전달되지 않는다.

명도를 높이니
읽기 쉬워!

\ Point / 명도와 채도

❶ 명도가 높아지면 하얀색에 가까워지고, 낮아지면 검은색에 가까워진다.

❷ 채도가 높아지면 색이 선명해지고, 낮아지면 무채색에 가까워진다.

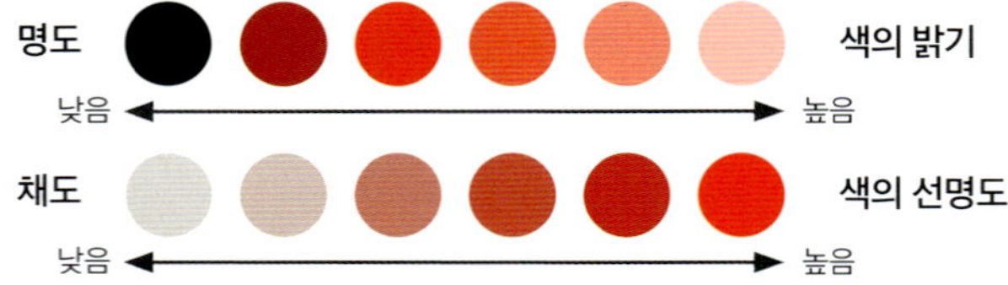

1색만으로 완성하는 감각적인 스타일!

아주 작은 부분에만 1색으로 포인트를 주면 색의 인상이 깊게 남는다.

심플한 레이아웃이라도 색을 대담하게 사용하면 단숨에 분위기가 살아난다.

흑백 사진에 단순한 도형이나 선 오브젝트를 1색으로 더하면 인상적인 비주얼이 만들어 진다.

2색이면 무엇이든 가능하다

1색으로는 한계가 느껴지지만 그렇다고 색을 많이 쓰고 싶지는 않을 때, 유용한 것이 바로 **2색 디자인**이다. 색 선택이 서툰 사람이라도 2색만 고르면 되니 부담이 적다. 무엇보다 1색에 비해 표현의 폭이 넓어져서 작업이 한결 편해진다.

● 색상환에서 2색을 고르자

2색 디자인은 색의 조합이 핵심이다. 서로 잘 어울리는 2색을 고르고 싶다면 색상환을 추천한다. 색상환을 활용하면 조화로운 색 조합을 간단하게 만들어 낼 수 있다.

빨간색과 주황색, 초록색과 파란색 같은 색감의 차이를 '색상'이라고 한다.

색상환

색을 가까운 순서로 배치한 원형 도표. 이 책에서는 24색보다 간단하고 활용도 높은 12색 PCCS*를 활용한다.

※ Practical Color Co-ordinate System: 일본색채연구소에서 개발한 표색계로, 색상에 명도와 채도를 결합한 톤 개념을 도입해 색채를 체계화했다.

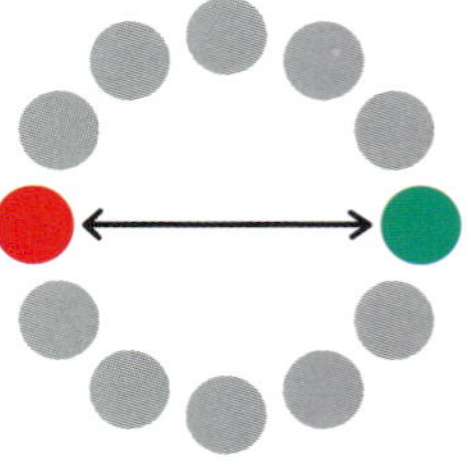

보색

12색 색상환에서 정반대에 있는 색. 차이가 확연해서 임팩트가 크다.

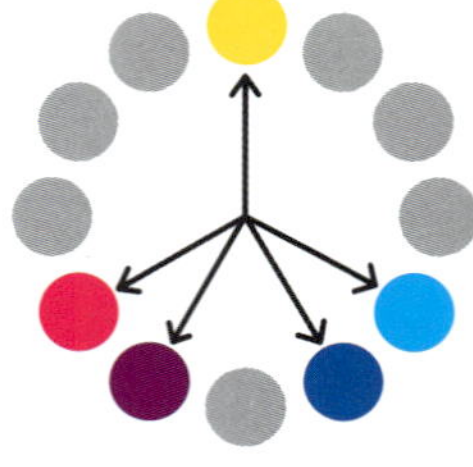

반대색

보색의 옆, 또는 그 옆의 색. 차이가 크면서도 보색보다 조화로워서 다양한 표현에 활용하기 좋다.

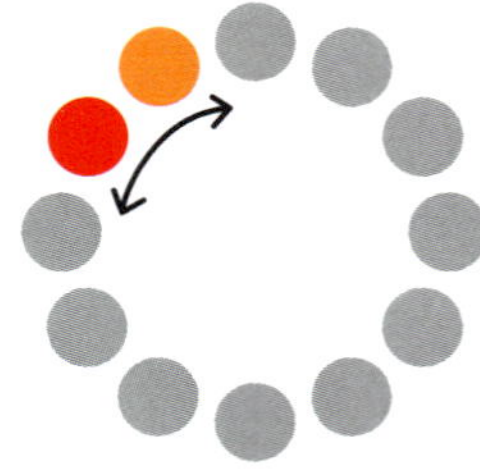

유사색

12색 색상환에서 이웃하는 색. 차이가 적어서 조화를 이루기 쉽고 입문자라도 다루기 편하다.

● 보색으로 강렬하게!

대비가 강한 보색은 서로를 돋보이게 하면서 임팩트 큰 배색을 완성한다. 찰나의 순간에 깊은 인상을 남기고 싶다면 보색 조합을 활용해보자.

반대색으로 다채롭게!

반대색은 색감 차이가 확연하면서도 보색보다 잘 어우러져서 비교적 배색하기 쉽다. 적당한 대비와 변화가 필요할 때, 또는 강조할 메시지가 있을 때 유용하다.

● 유사색으로 깔끔하게!

유사색은 배색의 난이도가 낮아서 초보 디자이너라도 실패할 확률이 낮다. 자연스럽게 맞물리는 유사색의 특성을 활용하면, 전체적인 통일성을 유지하면서도 은은한 변화를 줄 수 있다.

배색과 이미지가 안 어울려...

| C 0 M 87 Y 86 K 0 | C 54 M 22 Y 5 K 0 |
| R 232 G 66 B 38 | R 124 G 172 B 213 |

유사색으로 바꾸니 차분해졌어!

| C 93 M 69 Y 29 K 0 | C 54 M 22 Y 5 K 0 |
| R 4 G 84 B 134 | R 124 G 172 B 213 |

\Point / 사진의 색을 활용하자

사진을 배경으로 레이아웃을 잡을 때는, 사진에서 추출한 색을 배색에 활용하는 것이 컬러 선택의 노하우다.

3색 배색의 균형 레시피

색의 가짓수가 많으면 많을수록 배색의 균형을 잡기 어려워진다. 어딘가 투박하거나 조잡해 보인다면 색을 너무 많이 사용한 탓일 수도 있다. 이번에는 세 가지 색을 활용한 디자인 노하우와 영리한 색 선택법을 알아보자.

● 색은 최대 3색까지

주변을 둘러보면 3색 이하로 구성된 디자인을 쉽게 찾아볼 수 있다. 처음에는 의욕이 앞서 너무 많은 색을 섞어 쓰기 쉽지만, 한 디자인에 사용하는 색은 세 가지를 넘기지 않는 것이 좋다. 1색이나 2색으로도 다채로운 이미지를 만들었듯, 색을 한정하는 것이 깔끔하고 균형 잡힌 배색의 핵심이다.

색이 너무 많으니 산만해...

C 9	R 227	C 90	R 29
M 55	G 138	M 73	G 61
Y 92	B 29	Y 61	B 73
K 0		K 30	

C 100	R 0	C 0	R 237
M 0	G 158	M 67	G 116
Y 50	B 150	Y 55	B 96
K 0		K 0	

C 0	R 255	C 13	R 228
M 0	G 241	M 6	G 233
Y 100	B 0	Y 9	B 232
K 0		K 0	

C 68	R 59
M 13	G 172
Y 5	B 220
K 0	

색을 줄이니 훨씬 보기 좋아!

C 90	R 29
M 73	G 61
Y 61	B 73
K 30	

C 0	R 237
M 67	G 116
Y 55	B 96
K 0	

C 13	R 228
M 6	G 233
Y 9	B 232
K 0	

● 조화로운 색 배분법

배색의 완성도를 높이려면 색 배분도 세심하게 고려해야 한다. 일반적으로 가장 조화로워 보이는 배색 비율은 70:25:5 또는 7:2:1이다. 절대적인 규칙은 아니니 하나의 가이드라인으로 기억해두자. 우선 이 비율을 토대로 조금씩 자신만의 감각을 찾아가면 된다.

조화가 돋보이는 70:25:5 법칙

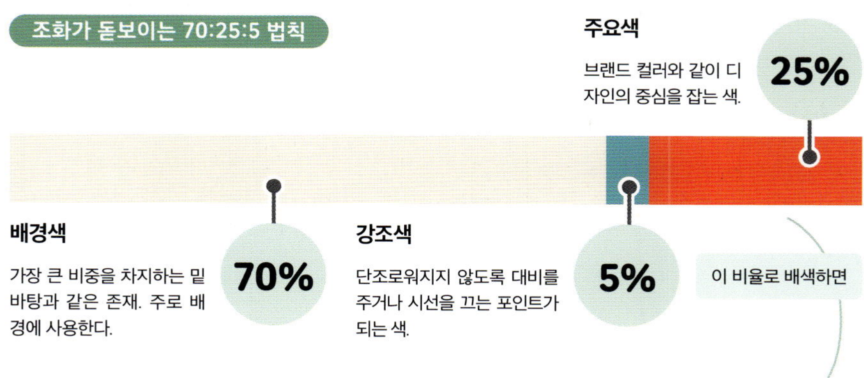

주요색

브랜드 컬러와 같이 디자인의 중심을 잡는 색.

25%

배경색

가장 큰 비중을 차지하는 밑바탕과 같은 존재. 주로 배경에 사용한다.

70%

강조색

단조로워지지 않도록 대비를 주거나 시선을 끄는 포인트가 되는 색.

5%

이 비율로 배색하면

C 4 　R 247
M 5 　G 243
Y 10　B 233
K 0

C 72　R 32
M 9 　G 172
Y 22　B 196
K 0

C 0 　R 235
M 76　G 95
Y 62　B 80
K 0

제작 MEMO

● 유연한 감각도 중요하다

배색 비율은 엄격하게 지키기보다 상황에 맞춰 유연하게 활용하자. 정밀한 계산에 따른 절대적 균형도 나름의 장점이 있지만, '이쯤이 적당하다'고 느끼는 감각적 균형을 익혀야 실력이 빨리 는다.

 ## 주요색부터 정하자

3색을 정하는 여러 가지 방법 중에서도 가장 막힘없이 배색이 완성되는 **주요색부터 정하는 방법**을 소개한다. 정석적이고 범용성이 높으며, 발표 자료나 일반적인 웹사이트처럼 다량의 정보를 명확히 전달해야 할 때 특히 효과적이다.

3색 고르는 순서

STEP : 1 **주요색 정하기**

먼저 주요색을 정한다. 주제에 맞는 색을 고르는 것이 기본이고, 브랜드 컬러를 활용하거나 로고에서 추출하기도 한다.

표현하려는
이미지나 브랜드 컬러

STEP : 2 **배경색 정하기**

배경색은 주요색을 돋보이게 해주는 색을 고른다. 명도가 높은 색이 배경으로 다루기 쉽고 전체적인 인상도 깔끔하다.

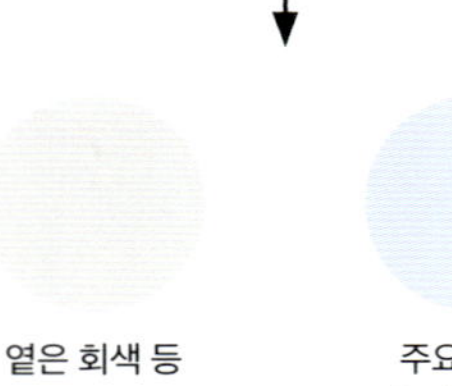

옅은 회색 등 　　　　 주요색에서
　　　　　　　　　　 명도를 높인 색

STEP : 3 **강조색 정하기**

강조색은 주요색의 보색이나 반대색을 고르면 시각적 긴장감이 생긴다. 유사색을 고르면 안정감 있는 분위기로 바뀐다.

대비가 강한 　　　　　 안정감 있는 유사색
보색이나 반대색

STEP : 4 **목적에 맞는 조합 선택하기**

완성된 조합 중에서 의도와 목적에 맞는 것을 고른다. 실제 디자인에 적용해보면서 비교하는 방법도 효과적이다.

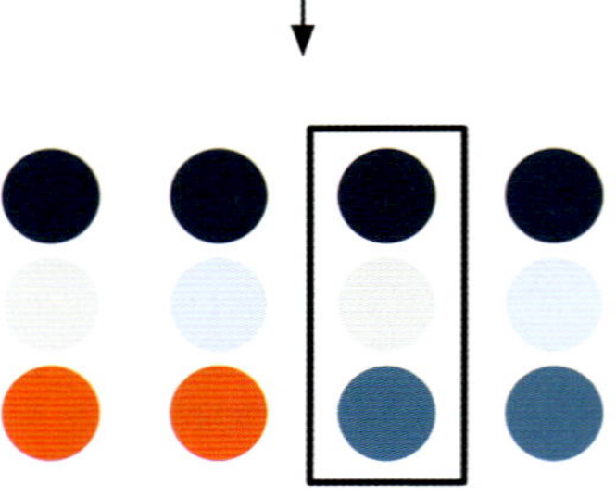

● 이미지를 바꿀 땐 강조색으로

주요색과 배경색이 같더라도 STEP:3에서 고른 강조색에 따라 이미지가 완전히 달라진다. 주요색과 배경색을 조정해서 변화를 주기는 번거로우니, 이미지를 바꾸고 싶다면 강조색을 조정하자.

보색·반대색을 강조색으로

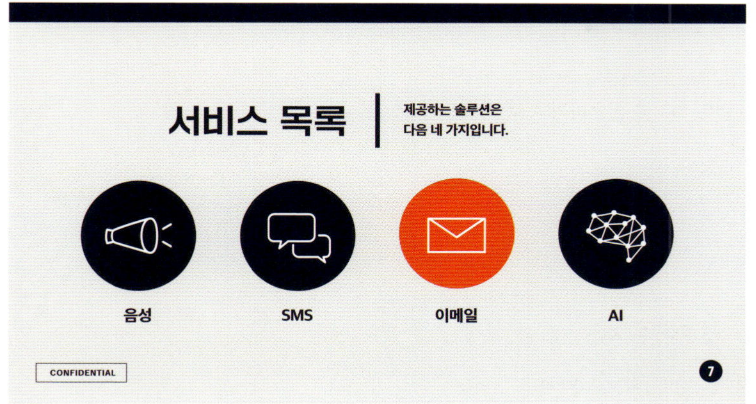

대비가
강렬해!

색 배분 

유사색을 강조색으로

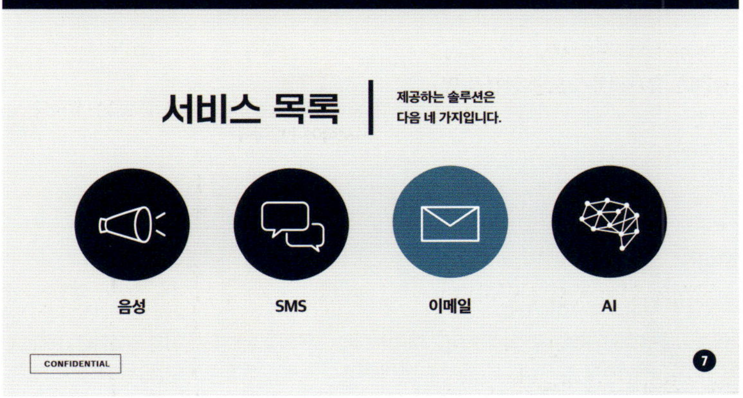

조화가
돋보여!

색 배분

배경색의 비중을 높이고 포인트 부분에만 다른 색을 사용하면, 보는 사람이 헤매지 않는 심플하고 명료한 디자인이 만들어 진다. 아래 예시처럼 브랜드 아이템에는 물론이고, 할인 광고 배너나 거리 포스터처럼 한눈에 내용을 전달하고 싶을 때도 유용하다. 색 배분이 고민일 때도 편리한 방법이다. (※ 아래 예시는 봉투와 명함 디자인 시안입니다.)

제작 MEMO

● 배색이 막혔다면 처음으로 돌아가자

배색은 전문가에게도 쉽지 않은 영역이다. 생각한 대로 배색이 나오지 않거나 작업 도중 길을 잃었다면, 잠시 숨을 고르고 원점으로 되돌아가자. 디자인의 목적을 다시 확인하고 그에 맞는 색을 고른 다음, 이 페이지에서 소개한 배경색 위주 배색으로 대략적인 틀을 잡자. 막막할 때는 마음도 색도 디자인도 한 번 리셋하고 단순하게 접근해보자.

● 시선을 고정시키는 주요색 배분

주인공의 색을 강조하고 싶거나 인상적인 광고를 만들고 싶다면 주요색의 비율을 과감하게 높이자. 아래 예시를 비교하면 그 차이가 명확히 드러난다. 정보량에 따라서도 다르지만, 보통 주요색 비율을 70% 정도로 구성하면 안정적이면서도 분명하게 색채 이미지를 전달할 수 있다. (※ 아래 예시는 패스트푸드 브랜드 햄버거 신제품 광고입니다.)

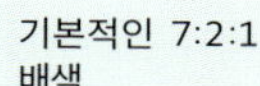

색 배분

밸런스가 훌륭해!

색 배분

주요색의 인상이
강해졌어!

고민 끝!
색상환으로 고르는 3색 배색

3색 배색 방법은 앞에서 설명한 것 외에도 무궁무진하다. 그중에서도 감각에 의존하지 않고 색을 고르는 편리한 방법이 바로 색상환이다. 색상환을 활용하면 완성도 높은 3색 배색 패턴을 단번에 만들 수 있다.

● 활용도 높은 세 가지 유형

배색이 어려울 때는 우선 아래의 세 가지 유형을 참고하자. 모두 시각적 조화가 뛰어나고 안전한 조합이라 다방면으로 활용하기 좋다. 감각이 자리 잡으면 색감이나 채도를 미세하게 조율하며 배색의 깊이감을 더해보자.

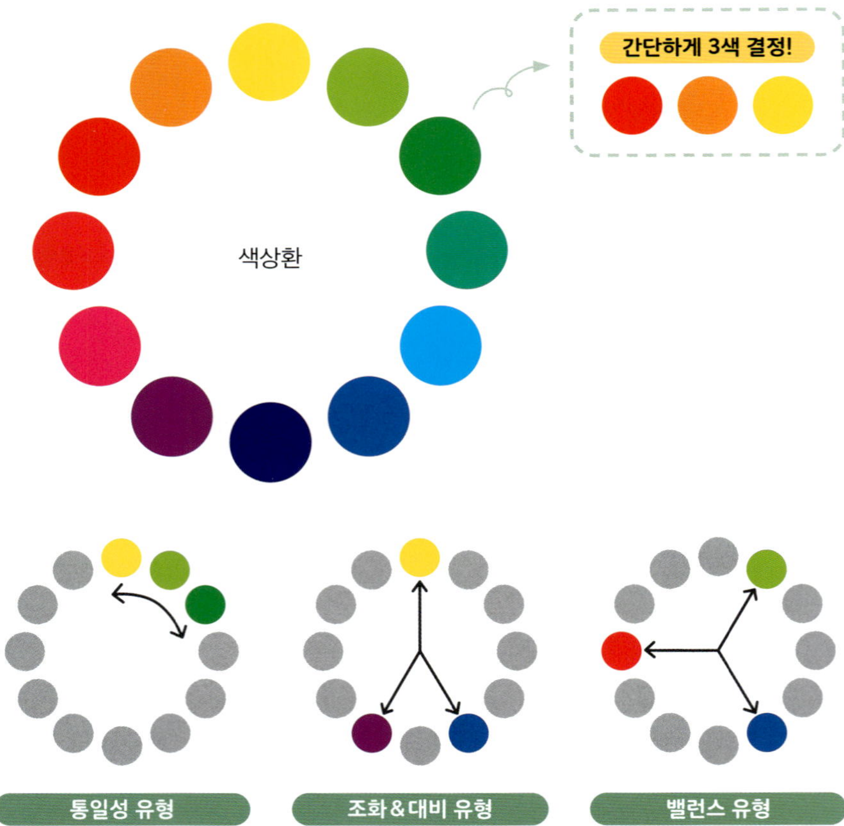

통일성 유형
1색과 그에 이웃하는 2색을 조합하는 배색. 주요색을 강조하고 싶을 때 편리하다.

조화 & 대비 유형
유사한 2색과 반대쪽에 있는 1색으로 구성하는 배색. 대비가 분명해서 활용도가 높다.

밸런스 유형
가장 멀리 떨어진 3색을 사용하는 배색. 색감의 차이가 균등해서 조화롭게 균형을 이룬다.

● 통일성 유형

기준색과 양옆의 유사색을 조합하면, 주요색의 이미지가 강조되는 통일성 높은 배색이 완성된다. 이웃한 색끼리는 같은 성질을 공유하고, 양옆의 유사색끼리는 비슷하면서도 미세한 차이로 변화를 만드니 초보자라도 안정적인 배색이 가능하다.

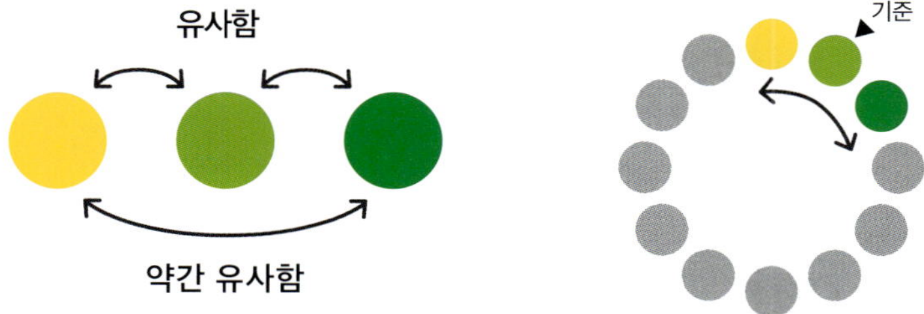

● 유사색 배색

통일성 유형의 배색을 유사색 배색이라고 한다. 색상환에서 이웃한 3색으로 구성하는 배색이다. 서로 닮은 색의 조합으로 고유한 색채 이미지를 선명하게 전달한다.

● 조화&대비 유형

기준색과 보색의 양옆 유사색을 더하면, 조화와 대비가 동시에 느껴지는 배색이 된다. 기준색을 강조색으로 활용하면 확실한 포인트 효과를 얻을 수 있다.

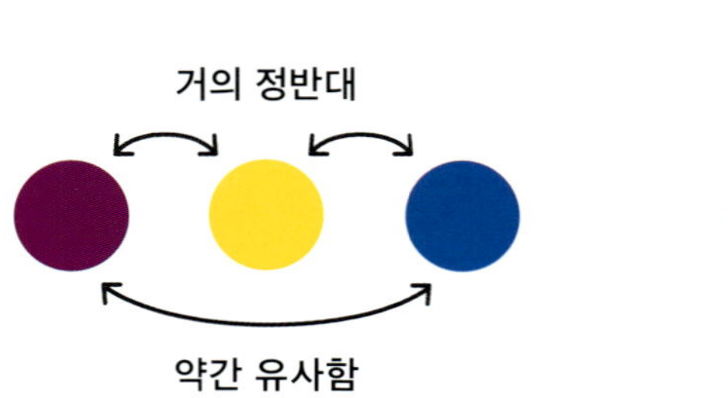

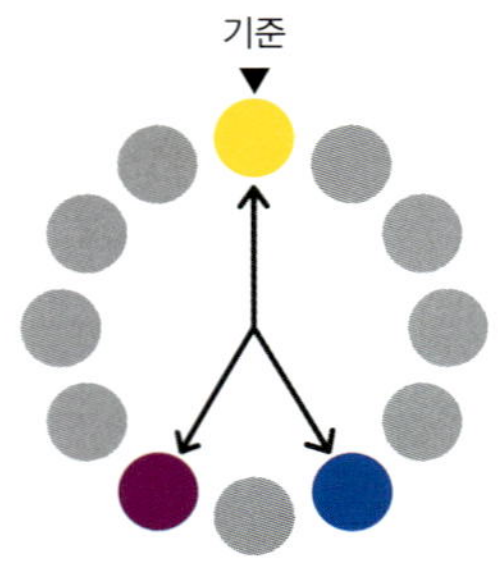

🔖 제작 MEMO

● 분할 보색 배색

조화&대비 유형의 배색을 분할 보색 배색이라고 한다. 보색과 이웃한 색으로 구성된 3색 배색으로, 유사성을 띠는 2색이 전체를 조화롭게 연결하니 배색의 균형을 잡기 편리하다.

● 밸런스 유형

색상환을 세 부분으로 나누어 정삼각형을 이루는 3색을 조합하면 안정감이 돋보이는 배색이 완성된다.
통일성 유형의 단조로움을 피하면서 모든 색의 개성을 선명하게 살리고 싶을 때 유용하다.

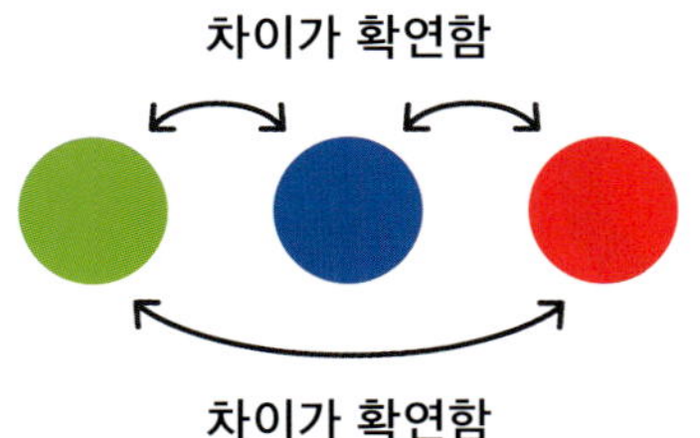

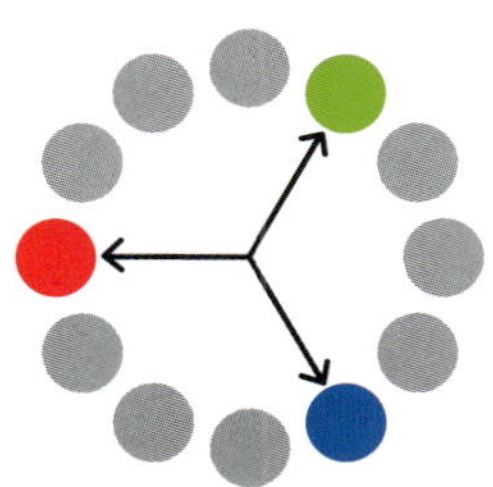

제작 MEMO

● 삼각 배색

밸런스 유형의 배색을 삼각 배색이라고 한다. 서로 대비되는 색으로 구성되어 화려하고 인상적이다. 경쾌한 이미지를 연출하거나 눈에 띄는 비주얼이 필요할 때는 삼각 배색을 활용해보자.

톤으로 연출하는 배색 이미지

선명한 빨강과 탁한 빨강은 같은 색상이라도 인상이 전혀 다르다. 이처럼 명도와 채도가 다른 색의 상태를 '톤'이라고 한다. 톤을 활용하여 원하는 대로 이미지를 구현하는 노하우를 알아보자.

● 12가지 톤

대표적인 톤은 모두 12종류로, 부드러운 톤에서부터 어두운 톤까지 저마다 고유한 인상을 지니고 있다. 톤을 활용할 때는 동일하거나 유사한 톤 안에서 색을 조합하는 것이 핵심이다. 이 방법으로 조화롭고 통일성 높은 배색을 만들 수 있다.

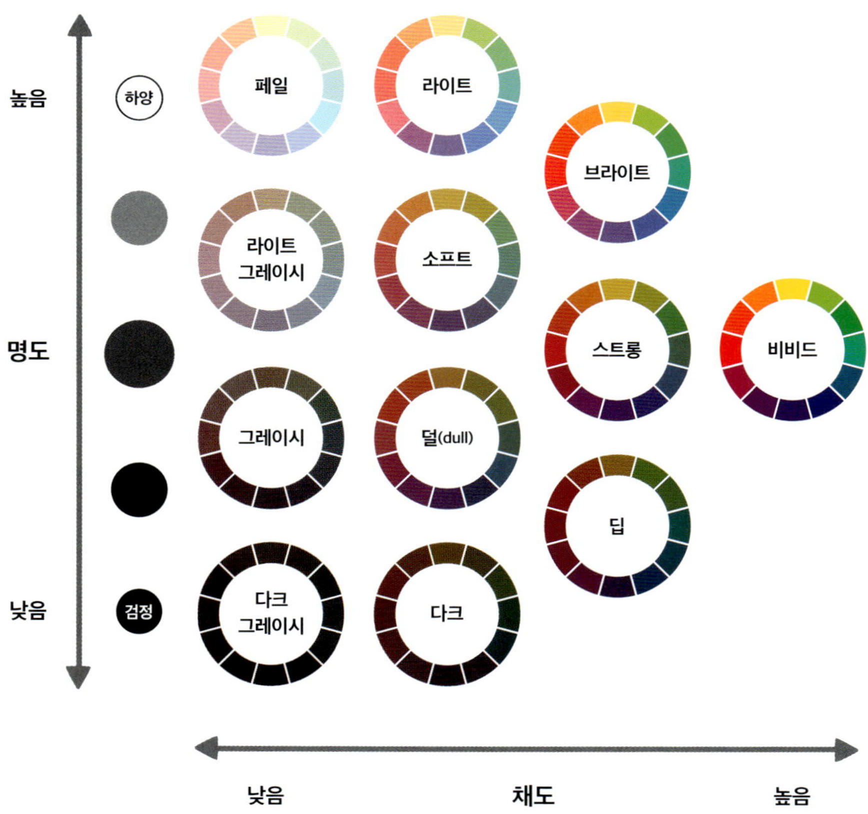

● 네 그룹 중에서 고르자

'12종류나 된다니!' 하며 막막해하는 사람도 많을 것이다. 처음에는 톤을 크게 네 그룹으로 나누고, 원하는 이미지에 가까운 그룹을 선택하면 구현하기 쉬워진다.

포근하고 사랑스럽다

① 부드러운 톤

 페일
 라이트
 소프트

톤의 이미지

투명감 · 포근함 · 온화함 · 부드러움 · 귀여움 ·
생기발랄함 · 풋풋함 · 밝음 · 신선함 · 싱그러움 ·
섬세함 · 우아함

밝고 명료하다

② 화사한 톤

 스트롱
 비비드
 브라이트

톤의 이미지

에너지 · 역동적 · 긍정적 · 화려함 · 경쾌함 ·
열정적 · 파워풀 · 쾌활함 · 화사함 · 밝음 · 활기 ·
즐거움

은은하고 다정하다

③ 자연파 톤

 라이트 그레이시
 그레이시
 덜(dull)

톤의 이미지

자연 · 내추럴 · 그윽함 · 은은함 · 탁함 ·
어스(Earth) · 기품 · 온화함 · 단아함 · 다정함

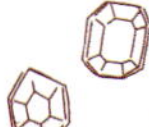

세련되고 성숙하다

④ 차분한 톤

 다크 그레이시
 다크
 딥

톤의 이미지

고급스러움 · 클래식 · 차분함 · 전통적 · 깊이감 ·
중후함 · 지성 · 시크함 · 이지적 · 견실함 · 격식 ·
성숙함

제작 MEMO

● 톤은 인상의 그룹이다

우리는 일상생활에서 흔히 '시크한 분위기의 인테리어', '화려한 색의 드레스'처럼 색이 주는 인상을 언어로 표현하곤 한다. 톤이란 명도와 채도가 비슷해서 인상이 닮은 색을 하나로 묶은 그룹이라고 생각하면 이해하기 쉽다.

포근하고 부드러운 느낌의 톤 그룹이다. 풋풋하면서 밝은 분위기가 느껴지고, 다정하거나 귀여운 스타일과 잘 어울린다. 투명함이나 섬세함을 표현하기도 좋다.

C 0	R 255	C 30	R 187	C 0	R 247	C 30	R 193	C 20	R 210	C 60	R 95	C 0	R 240	C 70	R 67	C 65	R 107
M 2	G 248	M 0	G 226	M 30	G 200	M 0	G 219	M 20	G 204	M 10	G 183	M 55	G 145	M 15	G 165	M 55	G 114
Y 35	B 187	Y 5	B 241	Y 10	B 206	Y 60	B 129	Y 0	B 230	Y 5	B 225	Y 30	B 146	Y 40	B 160	Y 15	B 164
K 0		K 0		K 0		K 0		K 0		K 0		K 0		K 0		K 0	

어울리는 디자인

- 코스메틱 디자인
- 영유아 관련 디자인
- 로맨틱 스타일

활용 예시

- 사랑스러운 이미지 연출에
- 투명감을 내고 싶을 때
- 다정한 표현에

참고 포인트

하얀색이나 연회색 같은 무채색을 조합하면 배색이 쉬워지고 톤의 매력도 돋보인다.

● 화사한 톤

싱그럽고 발색이 좋은 톤 그룹이다. 경쾌하고 신나는 이미지나 에너지 넘치고 긍정적인 표현에 적합하고, 주목도를 높이고 싶을 때도 효과적이다. 일부분을 강조하는 포인트 컬러로도 활약한다.

스트롱　　비비드　　브라이트

for MEMBERS
SPECIAL PRICE DOWN

배색열

C 0 M 100 Y 0 K 10	R 214 G 0 B 119	C 50 M 100 Y 0 K 10	R 138 G 1 B 123	C 100 M 0 Y 50 K 10	R 0 G 149 B 141	C 100 M 50 Y 0 K 0	R 0 G 104 B 183	C 0 M 0 Y 100 K 0	R 255 G 241 B 0	C 0 M 100 Y 100 K 0	R 230 G 0 B 18	C 0 M 0 Y 80 K 0	R 255 G 243 B 63	C 80 M 40 Y 0 K 0	R 24 G 127 B 196	C 80 M 0 Y 0 K 0	R 0 G 175 B 236

어울리는 디자인

- 어린이 디자인
- 경쾌하고 발랄한 디자인
- 할인 등의 이벤트 광고

활용 예시

- 강렬함이 필요할 때
- 포인트 컬러로
- 활기찬 분위기를 만들 때

참고 포인트

유사색보다는 보색이나 반대색을 조합해야 선명함이 극대화된다.

● 자연파 톤

차분하고 자극이 적은 톤 그룹이다. 패션계에서도 '어스 컬러'로 활용되며, 자연을 연상시키는 내추럴한 색감이 특징이다. 언뜻 칙칙해 보일 수 있지만, 특유의 은은함으로 고급스러운 분위기를 표현하기 좋다. 오가닉 계열 서비스나 상품과도 잘 어울린다.

배색열

C 15	R 219	C 20	R 207	C 50	R 143	C 30	R 150	C 80	R 56	C 10	R 218	C 35	R 176	C 85	R 63	C 40	R 171
M 40	G 168	M 50	G 146	M 40	G 147	M 30	G 139	M 50	G 102	M 20	G 196	M 90	G 55	M 85	G 58	M 40	G 149
Y 35	B 153	Y 30	B 151	Y 25	B 167	Y 40	B 121	Y 80	B 72	Y 30	B 170	Y 40	B 102	Y 45	B 98	Y 100	B 29
K 0		K 0		K 0		K 30		K 15		K 10		K 0		K 10		K 0	

어울리는 디자인

- 오가닉 디자인
- 카페 스타일 디자인
- 힐링 디자인

활용 예시

- 내추럴한 분위기를 연출할 때
- 자연주의 컨셉 상품에
- 레트로 감성을 담을 때

참고 포인트

유사색으로만 구성하면 밋밋해질 수 있으니 포인트 색을 조합하자.

● 차분한 톤

무게와 깊이가 느껴지는 어두운 계열의 톤 그룹이다. 다루기 까다로워 보이지만, 품격과 고급스러움을 강조하거나 시크하고 성숙한 분위기를 연출할 때 유용하다.

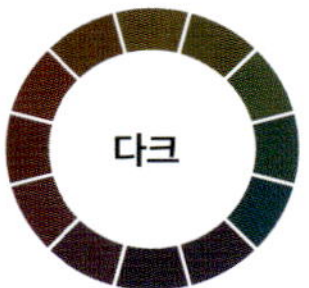

배색열

  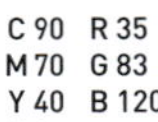 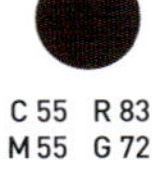   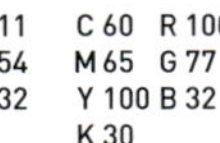    

C 55 M 50 Y 100 K 5	R 133 G 121 B 42	C 90 M 70 Y 40 K 0	R 35 G 83 B 120	C 55 M 55 Y 45 K 50	R 83 G 72 B 77	C 20 M 60 Y 100 K 20	R 180 G 107 B 7	C 90 M 65 Y 95 K 50	R 11 G 54 B 32	C 60 M 65 Y 100 K 30	R 100 G 77 B 32	C 25 M 95 Y 100 K 0	R 193 G 44 B 31	C 50 M 100 Y 70 K 10	R 139 G 30 B 62	C 100 M 100 Y 60 K 15	R 26 G 39 B 75

어울리는 디자인

- 고급스러운 디자인
- 전통적인 디자인
- 포멀한 디자인

활용 예시

- 품격을 연출할 때
- 어른스럽고 우아한 분위기에
- 레트로 감성을 담을 때

참고 포인트

글자가 분명히 읽히도록, 글자의 채도와 명도를 높여 대비 효과를 주자.

이것만은 피하자! 배색의 함정

배색에는 초보 디자이너가 빠지기 쉬운, 그간의 노력을 수포로 만드는 함정이 있다. 디자인은 정보를 명확히 전달하는 수단인데, 사소한 배색 실수가 완성도를 떨어뜨리고 정보 전달을 방해하는 것이다. 이번에는 반드시 피해야 하는 배색의 함정을 짚어보자.

● 시인성을 고려하자

같은 색이라도 조합에 따라 시인성이 달라진다. 배색이 잘못되면 글자가 배경에 가려지고, 내용이 제대로 읽히지 않아 스트레스가 된다. 글자가 눈에 잘 들어오는지 항상 체크하는 습관을 들이자.

글자가 안 읽혀서 눈이 피곤해…

글자가 분명히 보여!

C 6 M 2 Y 53 K 0
R 247 G 240 B 145

C 15 M 35 Y 45 K 0
R 220 G 177 B 139

C 85 M 15 Y 85 K 0
R 0 G 150 B 85

● 대비를 높이면 잘 보인다

배색에서 시인성을 높이는 간단한 방법은 색의 대비를 높이는 것이다. 연한 색은 진한 색과, 밝은 색은 어두운 색과 조합한다고 생각하면 간단하다. 예시에서는 글자를 중심으로 설명했지만 그림이나 일러스트도 마찬가지다.

대비를 높인다

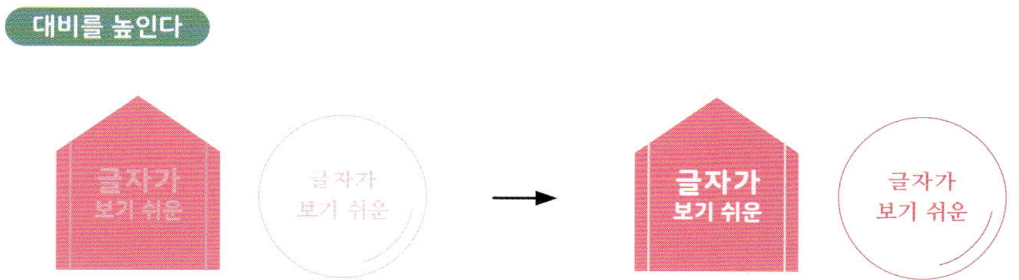

배경색과의 대비를 강하게 주면 시인성이 높아지고 피로감 없이 잘 읽힌다.

명도차를 키운다

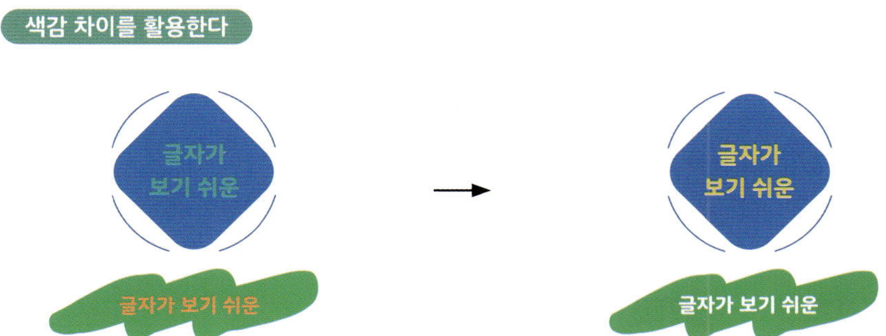

같은 색상에서 선택할 때는 밝은 보라색과 어두운 보라색처럼 명도차를 키우면 시인성이 높아진다.

색감 차이를 활용한다

유사색처럼 색감이 비슷한 색을 조합하면 글자나 세부 요소의 시인성이 낮아진다. 확실한 색감 차이를 만들자.

● 자극적인 배색을 피하자

채도가 높은 선명한 색끼리 맞붙으면 경계면이 번쩍거리거나 일렁이는 착시가 일어나면서 불쾌감이 느껴지는데, 이러한 현상을 할레이션이라고 한다. 아래는 다소 극단적인 예시지만, 눈의 자극이 너무 강하다면 한쪽 색의 채도를 낮추는 등 색감을 조정하자.

\Point/ 할레이션 현상의 완화 방법

할레이션 현상을 완화하는 몇 가지 방법을 소개한다. 시선을 끌기 위해 의도적으로 할레이션을 유도하기도 하지만, 그렇지 않을 때를 대비해서 해결 방법을 알아두자.

● 그라데이션에는 색을 적게 쓰자

아무리 레이아웃이 훌륭해도, 너무 많은 색이 섞인 그라데이션을 사용하면 자칫 가벼운 인상을 주기 쉽다. 그라데이션은 매력적인 기법이지만 꼭 필요한 곳에만 사용하기를 권한다. 색은 2~3가지로 제한하자.

색이 많아서 어수선해...

컨셉에 맞게 색을 줄이니 훨씬 보기 좋아!

\Point / 활용도 높은 그라데이션

그라데이션은 색감 차이가 적은 색으로 구성해야 활용하기 좋다. 대비가 강한 보색으로 구성하면 탁해 보일 수 있으니 유의하자.

색상환에서 2~3칸 떨어진 색

색감이 비슷한 색

색명암을 바꾼 색

한 사람이라도, 더 많은 사람에게 보여주자

아무리 좋은 디자인이라도 보는 사람이 없으면 목적을 달성할 수 없다. 그러니 작업물이 놓일 환경을 미리 머릿속에 그리면서, 가능한 한 많은 사람에게 보여줄 방법을 찾아보자. 웹사이트에 노출되는 배너 광고라면, 밝은 무채색 배경과 대비되도록 선명한 테두리를 두르거나 강렬한 색으로 밀도감을 높이자. 주변 환경과 명확히 구별될수록 눈에 띌 기회는 많아진다.

광고가 가득한 역사 내부의 포스터라면 어떨까? 대비를 극명하게 높여서 시선을 빼앗거나, 자잘한 설명보다는 심플하고 명쾌하게 구성해야 메시지 전달에 유리할 것이다. 디자인이 어떤 장소에 놓일지를 상상하며, 한 명이라도 더 많은 사람에게 전해지도록 요령을 발휘하자.

사진과 일러스트의 힘을
극대화하는 기술

01 사진의 힘, 일러스트의 힘

사진과 일러스트에는 글만으로 설명하기 힘든 정보를 쉽게 전달하는 힘이 있다. 또한 사진과 일러스트를 활용하면 디자인에 생동감이 돌면서 시선을 붙잡는 확실한 포인트가 된다.

● 글보다 빠르게 전해지는 호소력

정보를 이미지로 표현하면 메시지가 직관적으로 전달되면서 호소력이 높아진다. 사진과 일러스트를 적절히 활용해서 명료하고 효과적인 디자인을 완성해보자.

글만으로는 감이 잘 안 잡혀...

01

전문성 있는 프로에게 외주 가능

전문 지식이나 기술을 가진 프로에게 일을 의뢰할 수 있다.

02

비용을 줄일 수 있다

필요할 때만 이용할 수 있어, 인재 육성 비용을 절약할 수 있다.

03

업무의 효율화를 추구할 수 있다

직원은 전문이 아닌 업무에서 해방되어 본업에 집중할 수 있다.

내용이 곧바로 머릿속에 그려져!

01

전문성 있는 프로에게 외주 가능

전문 지식이나 기술을 가진 프로에게 일을 의뢰할 수 있다.

02

비용을 줄일 수 있다

필요할 때만 이용할 수 있어, 인재 육성 비용을 절약할 수 있다.

03

업무의 효율화를 추구할 수 있다

직원은 전문이 아닌 업무에서 해방되어 본업에 집중할 수 있다.

● 구체적이고 직관적인 사진의 힘

제품의 사용 장면이나 구체적인 효과를 생생하게 보여주고 싶을 때는 사진이 제격이다. 아래 예시처럼 사진은 상품의 매력을 직접적으로 드러내 신뢰감과 설득력을 높인다.

일러스트로는
제품의 사용감이나
효과를 잘 모르겠어...

제품의 매력이
구체적으로 전해져!

사진의 장점

- 내용이 명확히 전달된다
- 설득력이 높아진다
- 사실적이고 믿음이 간다

사진의 단점

- 사진의 퀄리티에 따라 완성도가 달라진다
- 편집과 합성 기술이 필요하다
- 보정이 필요하다

● 강렬하고 유연한 일러스트의 힘

일러스트는 사진보다 친근하게 느껴지면서도 시선을 끄는 효과가 강하다. 스타일에 따라 부드러운 분위기에서 근사한 분위기까지 자유자재로 인상이 바뀌고, 사진으로 표현하기 어려운 이미지라도 일러스트로는 얼마든지 구현할 수 있다.

믿음은 가지만
신청하기는
어쩐지
부담스러워...

부드러운
분위기 덕에
마음 편히
신청할 수 있겠어!

일러스트의 장점	일러스트의 단점
• 친근감을 준다 • 보조적으로 사용하기 좋다 • 표현의 자유도가 높다	• 가벼워 보일 수 있다 • 미성숙한 느낌을 줄 수 있다 • 무게감이나 신뢰감이 다소 부족하다

● 목적으로 구분하자

사진과 일러스트 어느 쪽이든 잘 어울린다면, 무엇을 선택할지는 작업의 편의성이나 취향에 따르는 것이 아니다. 14페이지에서 설명했듯 오로지 목적에 따라 결정해야 한다. 아래 예시처럼 같은 레이아웃이라도 무엇을 사용하는지에 따라 인상이 달라진다. 어떤 행동을 유도할지, 어떤 메시지를 전할지 고민해보고 적합한 선택지를 찾자.

사진을 사용한 시안

서비스 관련 이미지나 실제 이용 상황을 사실적으로 보여준다.

일러스트를 사용한 시안

인상적이면서도 친근한 분위기로 호감을 주어 접근성을 높인다.

사진 디자인의 기초 지식

사진은 메시지를 직관적으로 전달할 수 있는 매우 편리한 도구다. 하지만 그런 만큼 사진 자체의 품질이 낮거나 활용 방식이 미숙하면 아마추어 느낌이 두드러진다. 본격적으로 사진을 디자인에 사용하기 전에, 반드시 짚고 넘어가야 할 기초 지식을 알아보자.

● 사진 레이아웃의 기본, 사각형 배치

사진을 배치할 때는 사각형 배치와 전면 배치를 때에 맞게 구분해서 활용한다. 사각형 배치란 사진을 정방형이나 장방형 같은 사각 형태로 페이지에 얹는 방식을 말한다. 아래 예시처럼 사각형 배치는 디자인에 널리 쓰이는 기본적인 사진 레이아웃이다.

깔끔하고 정돈된 느낌을 원한다면 사각형 배치!

\Point / 사각형 배치의 특징

❶ 군더더기 없는 구성으로 안정감을 준다.

❷ 사진 주변의 여백을 살려 고급스러움을 표현하거나 다른 정보를 배치할 수 있다.

❸ 기본적인 레이아웃 외에도 다양하게 응용하기 쉽다.

● 가장자리까지 채우는, 전면 배치

전면 배치란 여백 없이 페이지 가장자리까지 사진을 채우는 방식이다. 사각형 배치보다 역동적이며 공간 감이 도드라져 보인다. 우선은 표현하고자 하는 이미지나 목적에 맞게, 사각형 배치와 전면 배치를 직접 써보며 사진 활용법을 익혀나가자. 아래에는 3면을 채운 예시와 4면 전체를 채운 예시를 함께 실었다.

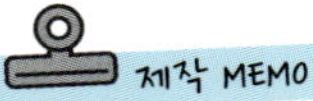

제작 MEMO

● 전면 배치는 글자 레이아웃이 어렵다

복잡한 사진을 전면 배치하면 글자가 잘 읽히지 않는다. 그럴 때는 Section 03(164 페이지)에서 소개하는 글 자 레이아웃 방법을 참고해서 가독성을 높이자.

사진의 효과를 극대화하고 싶다면 전면 배치!

\ Point / 전면 배치의 특징

① 사진 자체의 분위기와 공간감이 도드라진다.

② 피사체의 크기를 키우고 싶을 때도 편리하다.

③ 사진이 큰 만큼 글자나 다른 정보를 넣기 어렵다.

● 감각적인 사진의 구도 공식

사진을 아름답게 만드는 가장 대표적인 구도가 3분할 구도다. 사진을 가로세로로 각각 3등분하고 선 위나 교차점에 피사체를 배치하면 안정적이고 균형 잡힌 구도가 완성된다. 몇 가지 예시를 살펴보자.

3분할 구도의 예시

부모와 아기를 각각 교차점과 3분할 선 위에 배치하여 역동성과 안정성이 느껴지는 구도.

신부를 세로 3분할 선 위에, 드레스를 가로 3분할 선 위에 배치하여 주인공이 돋보이는 구도.

주인공 아이를 교차점과 3분할 선 위에 배치하여 여백의 미를 살린 서정적 구도.

메인 요리와 양초 소품을 교차점 위에 배치하여 시각적 균형을 잡은 구도.

제작 MEMO

● 피사체를 가운데에 두는, 정중앙 배치

정중앙 배치는 피사체를 화면 가운데에 배치하는 가장 대중적인 구도 중 하나다. 특별한 기교가 없는 만큼 주인공이 명확하게 드러나고, 피사체의 크기를 키울수록 집중 효과가 강해진다. 다만 구성이 단조로워질 수 있어서 다소 난이도가 높다.

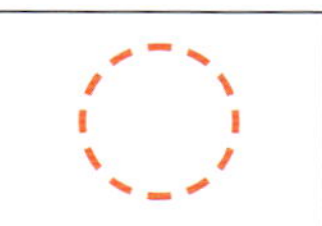

● 분위기를 바꾸는 구도 조정법

구도는 보통 촬영 단계에서 결정되지만, 디자인 과정에서도 원하는 분위기를 만들기 위해 구도를 조정한다. 필요에 따라 사진을 재구성하면 화면에 생동감과 리듬감이 생기고, 적절한 여백이 확보되어 레이아웃을 잡기도 편해진다. 근사한 사진을 만들고 싶다면 구도를 적극적으로 활용해보자.

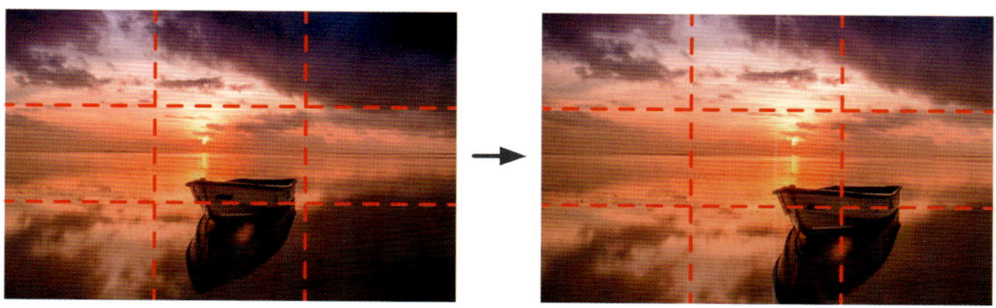

배를 오른쪽 아래 교차점에 배치하면 사진에 움직임이 더해진다. 또한 왼쪽에 여백이 만들어 지면서 바다의 광활함이 돋보인다.

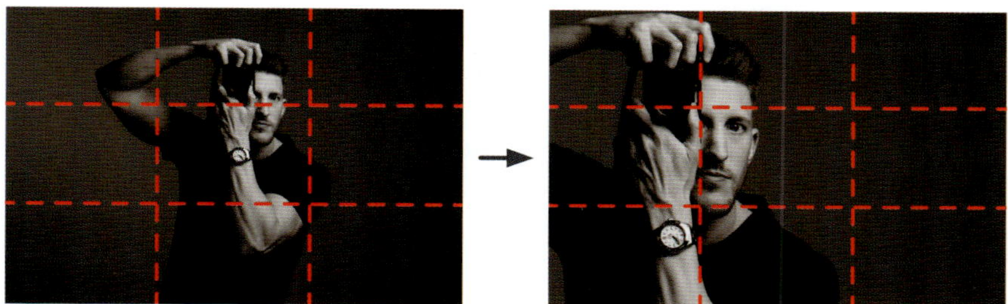

3분할 선 위에 인물을 배치하고 왼쪽 두 교차점에 얼굴이 놓이도록 조정하면 인물의 표정에 시선이 집중된다.

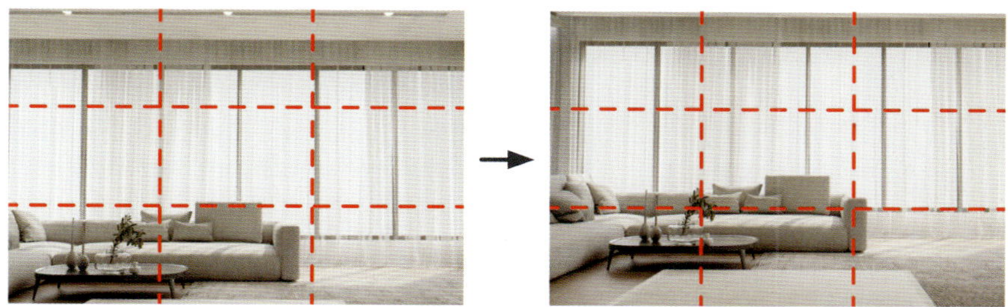

창문 하단을 가로 3분할 선에 맞추고 두 교차점에 소파를 배치하면 자연스럽고 안정적인 구도가 완성된다.

\Point / 구도 조정의 참고 포인트

① 구도는 어디까지나 기준일 뿐, 엄격하게 맞출 필요는 없다.

② 사진 자체의 구도를 어떻게 활용할지 먼저 고민하자.

③ 다양한 구도 법칙에 얽매이지 말자. 3분할 구도 하나만으로도 균형감을 기르기에는 충분하다.

● 보정으로 사진의 매력을 극대화하자

사진은 촬영된 그대로 사용하지 않고 이미지 편집 프로그램으로 보정을 거친다. 보정이란 어두운 사진을 밝게 만들거나, 밋밋한 사진에 강한 대비를 주거나, 전체적인 색감을 조정하는 작업이다. 때로는 광범위한 합성이나 정밀 수정까지 포함하기도 하지만, 여기서는 꼭 필요한 최소한의 보정만을 소개한다.

사진을 보정할 때는 밝기, 대비, 색감, 세 가지만 조정해도 고난이도 기술 없이 손쉽게 매력을 끌어올릴 수 있다. 왼쪽의 원본 사진에 보정을 더해가며 변화를 확인해보자.

밝기

피사체의 매력을 보여주기 위해서 어두운 사진을 적절한 밝기로 조정한다. 같은 웹사이트나 지면에 여러 장의 사진을 실을 때는 밝기를 일정하게 맞춰야 통일감이 생긴다.

대비

대비란 명암이나 색의 차이를 말한다. 대비를 조절하면 피사체 윤곽이 뚜렷해지고 생동감 있는 사진이 된다. 여기서는 배경에 묻혀 흐릿해진 피사체의 존재감을 살리기 위해 대비를 높였다.
- 강한 대비: 단단함, 생동감, 선명한 인상
- 약한 대비: 부드러움, 포근함, 온화한 인상

색감

사진에 부족한 색을 보충해서 전체적인 색감을 조정한다. 예시에서는 생기 있는 피부를 연출하기 위해 난색을 더하고, 채도까지 높여서 화사한 분위기를 만들었다.

● 메시지를 명료하게 표현하자

보정은 단순히 사진을 아름답게 꾸미는 작업만이 아니다. 사진이 전하고자 하는 메시지를 분명히 드러내는 것이 보정의 주목적이다. 작업을 시작하기에 앞서 사진을 통해 무엇을 전하고 싶은지, 어떤 인상을 남기고 싶은지를 먼저 명확히 결정하자.

밝기·색감 조정

음식 사진은 우선 맛있어 보이는 것이 중요하다. 그다음으로 각 식재료의 매력이 살아나도록 조정하면 된다. 예시에서는 연어알의 신선함을 보여주기 위해 밝기와 색감을 중심으로 보정했다.

밝기·색감·채도 조정

밝기와 색감, 채도를 조정하여 눈앞에 펼쳐진 하늘과 바다의 매력이 한껏 살아나도록 보정한 예시다. 구름을 지우는 수준의 고난이도 기술 없이도 풍경에 생동감을 더할 수 있다.

대비·밝기 조정

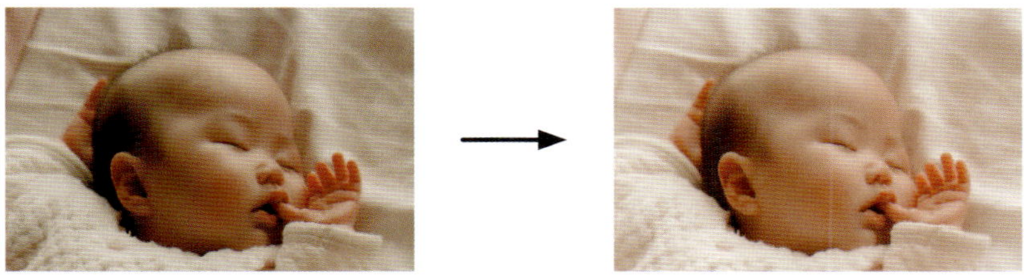

아기의 순수한 느낌을 표현하기 위해 뽀얗고 부드러운 이미지로 보정했다. 대비를 낮춰서 밝은 부분과 어두운 부분의 차이를 줄이고 전체적으로 밝기를 높였다.

\Point / 사진 보정의 주요 포인트

1. 음식 사진은, 채도와 색감을 조정하여 식재료의 신선함을 살리면 먹음직스러워 보인다.
2. 풍경 사진은, 강조하고 싶은 부분이나 전체적인 분위기가 잘 드러나도록 작업한다.
3. 인물 사진은, 얼굴로 시선이 집중되니 표정이 밝고 또렷해지도록 보정한다.

03 사진 속 글자 배치의 필수 공식

사진을 활용하다 보면 글자를 겹쳐 배치할 일이 아주 많다. 사진만으로는 메시지가 불분명할 때도, 글자를 더하면 전달력 높고 인상적인 디자인으로 재탄생한다. 하지만 사진과 글자를 조화롭게 배치하기는 생각보다 쉽지 않다. 이번에는 사진 속에 글자를 레이아웃할 때 꼭 알아두어야 할 포인트와 요령을 살펴보자.

● 기본은 여백이다

사진에 글자를 넣을 때는 기본적으로 여백 부분이나 배경이 단순한 곳에 배치한다. 배경이 복잡하고 산만하면 가독성이 떨어지기 때문에, 사진을 고를 때부터 글자를 배치할 공간이 있는지 미리 고려하는 것이 좋다.

● 여백 없는 사진에 글자 배치하는 법

여백이 마땅치 않은 사진도 있다. 그럴 때는 가장 보여주고 싶은 부분이 글자에 가려지지 않도록 배치하는 것이 포인트다. 또한 배경과 글자는 충분히 대비를 주고, 글자 크기를 조절해서 읽기 편하도록 배려하자.

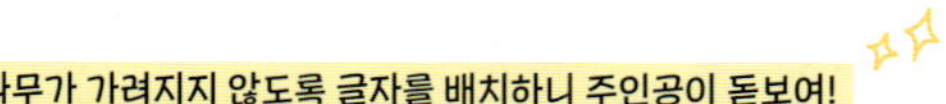

● 사진 속 글자의 가독성을 높이는 법

전달받은 사진이 너무 복잡해서 글자 배치가 어렵거나 배경에 가려진다면 추가 작업이 필요하다. 사진 속 글자의 가독성을 높여주는 간단한 해결책을 알아보자.

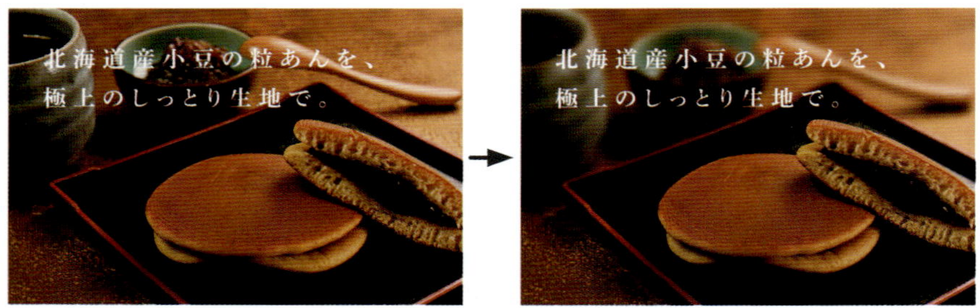

배경을 흐리게 만들면 글자가 선명해진다. 상황에 따라서 사진 전체에 효과를 줄 수도 있고, 글자 부분에만 효과를 주는 방법도 있다.

글자 밑에 띠를 덧대는 간단한 방법이다. 활용도 높으면서 세련된 느낌까지 살려준다.

배경 이미지와 글자를 분리하는 도형을 넣어보자. 디자인에 포인트가 되면서 눈길을 끄는 효과도 있다.

굵은 띠 깔기

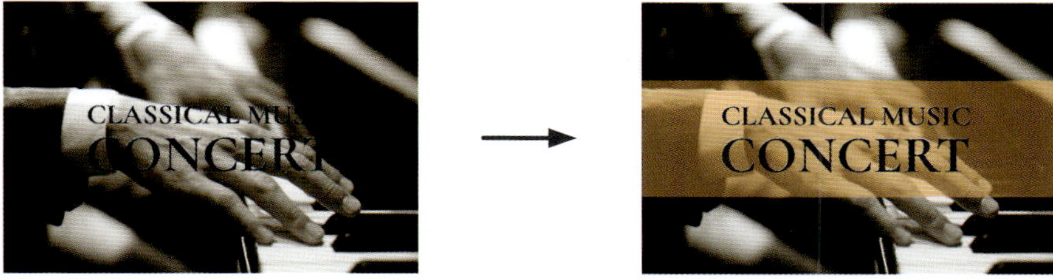

굵은 띠를 활용하면 글자의 가독성이 높아질 뿐만 아니라, 입체감이 살아나면서 전체적인 짜임새가 탄탄해진다.

반투명 색 겹치기

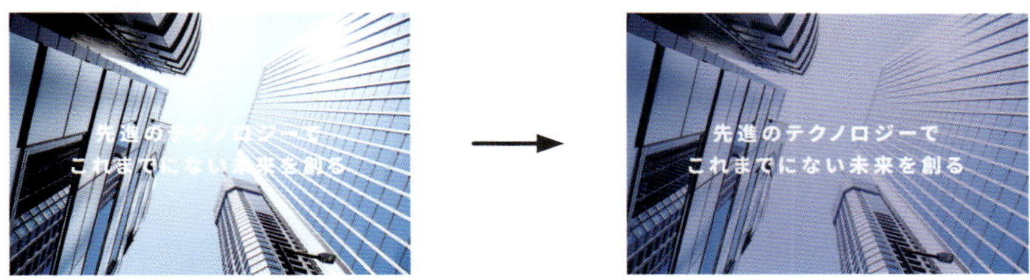

사진 전체에 반투명한 색을 덧입혀서 가독성을 높이는 방법이다. 사진 색감에 맞는 색을 고르면 사진과 자연스럽게 어우러진다.

그림자 효과

그림자 효과는 무분별하게 사용하면 자칫 서투른 인상을 줄 수 있으니 꼭 필요한 상황에만 사용하자. 그림자 색을 배경색과 맞추면 한결 자연스럽다.

테두리 & 흐림 효과

글자에 테두리를 넣고 흐리게 해서 배경과 글자의 경계를 명확히 드러내는 기법이다. 너무 많이 쓰면 전체적인 퀄리티가 낮아질 수 있으니 주의하자.

사진을 살리는 트리밍 활용법

트리밍이란 사진 일부를 자르는 작업을 말한다. 트리밍의 핵심은 불필요한 부분을 잘라내고 중요한 정보에 초점을 맞추어 메시지를 강조하는 것이다. 트리밍의 기본적인 개념과 활용 포인트를 알아보자.

● 정보를 깔끔하게 정돈하자

트리밍의 기본은 사진에 담긴 정보를 정돈하는 것이다. 불필요한 부분을 잘라내거나 여백을 만들고, 기울어진 사진은 수평을 맞추어 균형을 잡고, 때로는 의도적으로 기울여서 정돈한다. 트리밍은 디자인의 밑작업이라고 할 수 있다.

정보가
명료해지고
보기도 좋아!

● 사진의 주인공을 정하자

같은 사진이라도 어떤 요소를 중심으로 자르는지에 따라 메시지가 크게 달라진다. 아래 예시처럼 주인공을 '치즈 세트'로 할지 '단품'으로 할지, 혹은 '다양함'을 강조할지 '맛과 품질'을 어필할지에 따라 잘라내는 부분이 달라진다. 사진으로 무엇을 말하고 싶은지 고민하고, 목적에 가장 어울리는 구도를 포착하자.

치즈 전체

치즈의 다양한 종류가
한눈에 들어와!

치즈 일부

치즈의 먹음직스러움이 강조돼!

● 당기기와 밀기

피사체와의 거리 설정에 따라서도 사진의 분위기가 달라진다. 피사체를 당겨서 자르면, 피사체의 디테일이 잘 보이지만 전체적인 모습은 파악하기 어렵다. 반대로 밀어서 자르면, 피사체의 규모감이나 전체적인 윤곽은 잘 나타나지만 세밀한 부분은 확인하기 어렵다.

당기기

공연장의 현장감이 돋보여!

밀기

널찍한 무대의 매력이 느껴져!

● 메시지의 강약 조절

사진이 주는 메시지의 강도도 트리밍으로 조절할 수 있다. 아래 예시처럼 피사체 전체를 보여줄 때와 일부만을 강조할 때는 메시지의 선명도와 파급력이 확연히 다르다. 잔잔하게 여운을 남길지 감정에 깊이 호소할지, 원하는 방향에 따라 선택하면 된다. 주의를 주거나 경고하는 포스터처럼 메시지의 호소력을 높여야 할 때 효과적인 방법이다.

부드러운 메시지

정제된 피사체가 깊은 여운을 남겨!

강렬한 메시지

압도적 존재감으로 메시지가 강해졌어!

● 시선과 방향

인물의 옆모습 사진을 중심에서 벗어나게 잘라낼 때는, 인물을 기준으로 어느 쪽에 여백을 두는지에 따라 인상이 달라진다. **인물 앞쪽에 여백**을 만들면 시선 방향이 넓게 트이면서 미래를 바라보는 긍정적 이미지가 강해진다. 반대로 **인물 뒤쪽에 여백**을 만들면, 과거를 회상하거나 지나온 시간을 이야기하는 분위기로 바뀐다.

인물 앞쪽에 여백

목표를 향해 나아가는 듯한 희망적인 모습이야!

인물 뒤쪽에 여백

추억을 떠올리는 듯한 모습이야!

● 속도감과 깊이감

피사체가 비스듬히 다가오는 구도의 사진을 자를 때는, 진행 방향에 여백을 둘 때와 반대 방향에 여백을 둘 때의 분위가 서로 다르다. **진행 방향에 여백**을 만들면 앞으로 뻗어 나가는 힘찬 기운이 느껴지고, **반대 방향에 여백**을 만들면 안쪽에서 달려 나오는 듯한 원근감과 입체감이 강조된다.

진행 방향에 여백

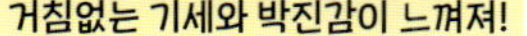

거침없는 기세와 박진감이 느껴져!

반대 방향에 여백

멀리서부터 이어지는 공간감이 돋보여!

피사체를 자유로운 형태로 오려내는 트리밍 기법은 활용 폭이 매우 넓다. 불필요한 배경이 사라지니 정형적인 사진보다 응용하기 좋고, 배치가 쉬울 뿐만 아니라 공간도 덜 차지한다. 피사체를 크게 강조하거나 디자인의 주목도를 높이고 싶을 때, 위트를 더하고 싶을 때, 활용하기에 따라 다채롭게 표현할 수 있다.

레이아웃이 제한적이라
활용하기 어려워...

레이아웃이 자유롭고,
재미까지 더해졌어!

자유형 사진의 활용법

자유형 사진은 피사체를 그대로 오려낸 기본형 외에도 다양하다. 테두리를 두르거나 도형 또는 글자 모양으로 자를 수도 있고, 피사체의 실루엣을 부분적으로 살릴 수도 있다. 아이디어에 따라 표현 방법도 무한대로 확장된다.

피사체 형태로 자르기

일부만 자르기

도형으로 자르기

글자 형태로 자르기

테두리 두르기

스티치 효과 더하기

프레임으로 자르기

다양한 형태로 자르기

활용 만점! 사진 연출 기법

사진 활용법은 간단한 것에서부터 복잡하고 어려운 것까지 스펙트럼이 매우 넓다. 이렇게 다양한 기법을 손에 익히는 비결은, 일상에서 마주치는 디자인을 분석해서 아이디어 창고를 적극적으로 채워 나가는 것이다. 지금부터 곧바로 적용하기 좋은 기법들을 하나씩 배워보자.

● 글자 겹치기

사진 위에 글자나 문장 일부를 겹치면 디자인에 통일감과 일체감이 생긴다. 구성이 심심하게 느껴질 때도, 전체적인 분위기를 해치지 않으면서 변화를 만들어낼 수 있다. 간단하고 어디에나 잘 어울려서 다양한 상황에 두루 쓰인다.

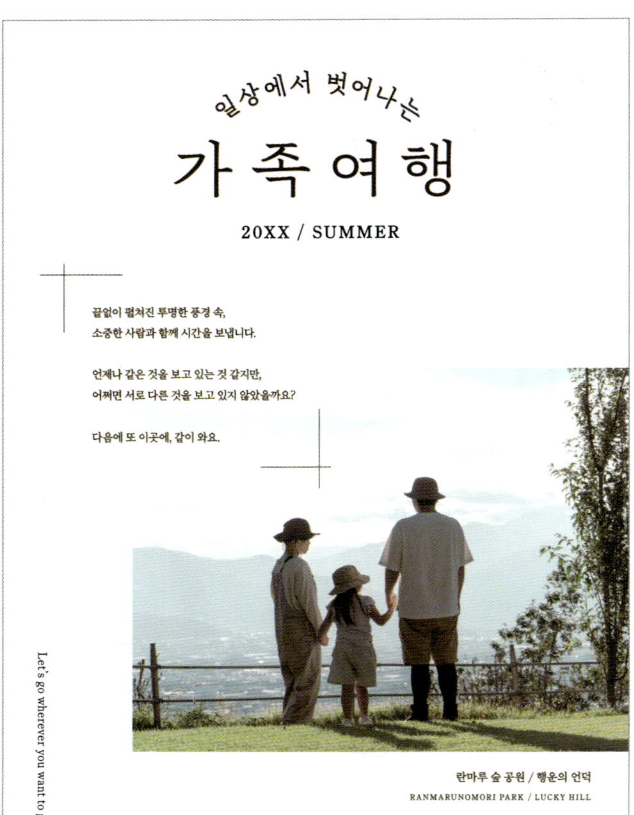

공간이 절약되면서
여백도 생겼어!

● 사진 두 장 붙이기

사진을 위아래 또는 옆으로 나란히 배치하는 심플한 방법이다. 사진이 넓은 공간을 차지하면서 시선을 사로잡는 비주얼이 만들어 진다. 또한 서로 연관성 높은 사진을 조합하면 서사가 느껴지는 드라마틱한 이미지를 연출할 수 있다.

연관된 사진뿐만 아니라,
정반대의 이미지를
대비시키는 것도 효과적이야!

\ Level Up / 쿨레쇼프 효과를 활용하자

 + 

비행기 정비

 + 

빌딩 건설

서로 무관한 사진을 나란히 두면, 보는 사람이 사진에서 의미를 찾아내고 이를 무의식적으로 연관 짓게 된다. 이러한 심리 현상을 쿨레쇼프 효과라고 한다.

● 사진 포개어 배치하기

사진을 불규칙하게 포개어 배치하면 스타일리시하면서 역동적인 분위기를 연출할 수 있다. 요리 사진으로 이벤트 배너를 만들거나 모델 사진으로 패셔너블한 느낌을 살릴 때처럼 여러 사진을 한 번에 보여줄 때 편리하다. (※ 아래 예시는 사진전 포스터입니다.)

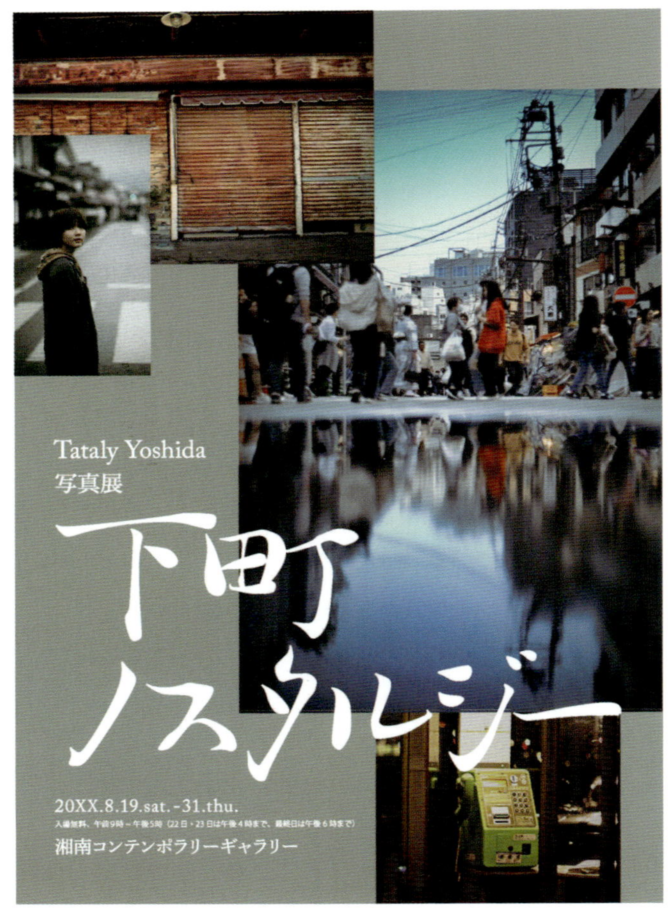

간단해서 활용하기
쉬워!

\Point/ 사진 레이어링의 포인트

❶ 사진이 밀집된 부분과 그렇지 않은 부분을 의도적으로 만들면 리듬감이 생긴다.

❷ 사진의 투명도를 조절하거나 색감이 섞이도록 블렌드 모드를 조정하는 것도 좋다.

❸ 글자도 사진과 겹쳐 배치하면 일체감이 커진다.

● 타일처럼 배치하기

타일을 붙이듯 사진을 가지런히 채우면 포토앨범처럼 질서정연한 구성이 된다. 레이아웃을 잡기 쉽고 응용의 폭이 넓은 표현 기법이다. 우선 간단한 정사각형 사진으로 시작해서, 어느 정도 실력이 쌓이면 자유롭게 변화를 더해보자.

**사선으로 배치하니
눈길이 절로 가!**

\ Point / **타일 레이아웃의 응용법**

❶ 크기가 제각각인 타일을 섞어 배치하면 한층 풍성해진다.

❷ 사진의 톤을 서로 맞추면 일체감이 커진다.

❸ 사진을 과감하게 사선으로 자르면 움직임이 생기면서 임팩트가 강해진다.

단색 배경과 피사체 사진은 실패할 수 없는 조합이다. 배경을 오려내면 피사체의 실루엣이 선명하게 살아
나면서 기분 좋은 여유가 생긴다. 여기에 손글씨나 일러스트를 곁들이면 캐주얼한 느낌이 강해진다.

심플하면서
세련된 분위기가 연출돼!

\Point / 단색 배경과 피사체 조합의 활용 포인트

❶ 배경색은 테마나 계절에 어울리는 색으로 선택하자.

❷ 너무 화려한 색은 피하고, 톤을 낮춰서 무게감을 덜어내자.

❸ 사진이 많을 때는, 크기를 다르게 하거나 불규칙하게 배치하면 움직임이 생긴다.

● 콜라주 기법 활용하기

주인공을 중심에 두고 주변에 **피사체를 스티커 붙이듯 배치**하면 콜라주 작품 같은 예술적인 이미지를 만들 수 있다. 이때 보이는 모습에만 집중하다 디자인으로서의 기능을 잃지 않도록 주의해야 한다. 주인공은 확실히 돋보이게 하고, 글자 레이아웃에 동일한 규칙을 반복해서 가독성을 확보하자. (※ 아래 예시는 패션 잡지 지면의 일부입니다.)

예술적인 분위기가 강렬한 인상을 만들어!

\ Point / 콜라주 기법의 응용 테크닉

① 컬러 사진과 흑백 사진을 섞어 쓰면 인상이 풍부해진다.

② 피사체의 외곽선을 거칠게 잘라내면 아날로그 감성이 살아난다.

③ 배경에 글자 장식을 곁들여도 잘 어울린다.

● 사진에 테두리 넣기

사진만으로는 심심하게 느껴진다면 테두리를 넣어보자. 전체적으로 짜임새가 생기면서 디자인에 포인트
가 되고, 사진으로 시선이 모이는 효과까지 얻을 수 있다. 완성도를 한 단계 높이고 싶을 때 정말 유용한
방법이다.

\ Level Up / 완성도를 높이는 테두리 아이디어

| 글자 테두리 | 불완전한 테두리 | 테두리+도형 |

한 걸음 더! 사진 표현 응용법

사진 타일 사이사이에 단색 타일을 끼워 넣으면, 리듬감이 살아나면서 사진이 한층 돋보인다.

쉽고 간단하게 강렬한 인상을 연출해보자. 같은 사진을 겹치기만 해도 트릭아트처럼 신비로운 분위기가 만들어진다.

사진을 타일처럼 나열할 때 경계선에 변주를 주면 디자인에 재미가 더해진다. 유쾌하고 활기찬 분위기를 연출하고 싶을 때도 편리하다.

실패 없는 일러스트 선택법

일러스트의 매력을 제대로 살리려면 목적과 상황에 맞는 일러스트를 선택해야 한다. 선택 기준이 명확하지 않으면 오히려 보는 사람의 이해를 방해하는 노이즈가 될 뿐이다. 최적의 일러스트 선택법을 알아보자.

● 일러스트 유형을 파악하자

일러스트의 종류는 무수히 많고 작가마다 색감과 화풍도 천차만별이다. 각양각색의 일러스트 중에서 가장 적합한 선택지를 찾으려면 우선 어떤 유형이 있는지부터 알아야 한다. 다음은 실무에서 널리 쓰이는 7가지 유형이다. 예시에서 나타나듯 저마다 인상이 제각각이다. 각 스타일이 어떤 인상을 주는지 가볍게 훑어두면, 작업하면서 이미지를 구상하기 한결 수월해진다.

플랫   질감 없이 심플한 면으로 그리는 일러스트. 여러 작가의 작품을 함께 써도 이질감이 적다. 범용성이 높고, 어떤 디자인에나 잘 어울린다.

예시

선화   선으로 표현하는 일러스트. 단순한 형태에서부터 손그림 느낌까지 다양하다. 단색으로도 사용하기 좋으며, 색이 적을수록 좋다.

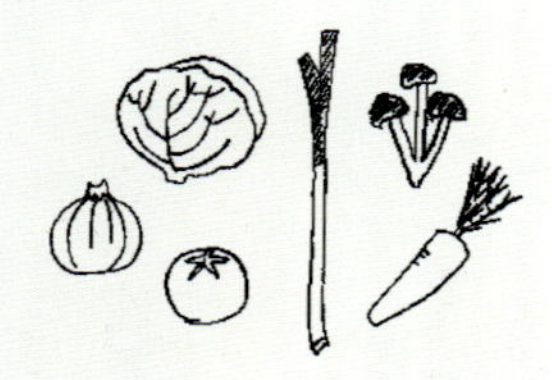

예시

수채화   투명함과 청량함, 싱그러움이 느껴지는 일러스트. 묵직하고 강한 느낌보다는 부드럽고 은은한 분위기를 만들 때 유용하다.

예시

사실화
대상을 과장하거나 생략하지 않고 사실적으로 그린 일러스트. 사진과는 다른 특유의 분위기와 질감이 매력적이다. 단숨에 시선을 낚아채는 장치로 활용하기 좋다.

예시

아이콘
사물이나 개념을 단순하게 표현한 일러스트. 소제목이나 버튼에 곁들이면 효과적이다. 간결하고 깔끔해서 시선의 흐름을 방해하지 않는다.

예시

캐릭터
사물을 의인화하거나 만화적 화풍으로 표현한 개성적인 일러스트. 눈길을 끄는 힘이 있지만 그만큼 특징이 분명해서, 완성 이미지에 맞춰 신중하게 선택해야 한다.

예시

아이소메트릭
최근 자주 접하는 입체적인 스타일의 일러스트. 건조하고 정제된 스타일로 활용 범위가 넓다. 또한 구성이 단순해서 색을 바꾸거나 톤을 조절하기 쉽다.

예시

● 취향보다 목적이 중요하다

일러스트를 선택할 때면 나도 모르게 취향을 따라가게 되지만, 반드시 목적에 맞는지를 최우선으로 고려해야 한다. 원하는 메시지를 담으려면 어떤 인상이 적절할지, 클라이언트와 함께 방향성을 명확히 정해두면 목적에 맞는 일러스트를 고를 수 있다. 일러스트 선택의 몇 가지 예시를 살펴보자.

예시 의료기관 서비스 광고의 일러스트

의료기관 서비스 배너에 넣을 일러스트를 선택하려고 한다. 목적을 확인하고 가장 적합한 선택지를 찾아나간다.

● 개인차를 고려하자

일러스트의 인상은 사람마다 다르고, 나이와 성별은 물론 취향이나 감각에 따라서도 달라진다. 일러스트를 고를 때는 주요 타깃층을 고려하고, 가능하다면 타깃층에 속하는 사람에게 직접 확인을 받는 것이 좋다.

아래 예시에서는 친근감을 형성하고 서비스를 편하게 이용할 수 있도록 일러스트를 활용하려 한다. 따라서 부드러운 인상을 주는 스타일 위주로 살펴보고, 목적에 맞는 것을 선택한다.

 식품 광고 일러스트

이번에는 주인공을 돋보이게 하는 배경 장식으로 일러스트를 활용한다. 제품의 차별점을 강조하기 위해, 멜론을 사실적으로 묘사한 ⑤를 선택하여 본연의 느낌을 살린다.

일러스트를 사용하는 목적

편의점에서 출시한 메론빵 광고. 일러스트로 제품에 시선을 집중시키면서 셀링 포인트인 멜론의 풍미를 어필한다.

주인공이 돋보이고, 풍미가 생생하게 전해져!

 실속형 가구점 광고 일러스트

이번에는 일러스트만의 독특한 분위기를 포인트로 활용하여 트렌디한 감각을 표현한다. 먼저 매장의 가격대와 어울리지 않는 ③을 제외한다. 나머지 두 선택지 중에서 다소 가볍게 느껴지는 ①이 아니라, 담백하고 심플한 ②가 가장 적합하다고 판단한다.

일러스트를 사용하는 목적

사진으로는 표현하기 어려운 일러스트만의 세련된 분위기로 눈길을 끈다. 다만 합리적인 가격대를 고려하여 지나치게 고급스러운 연출은 피한다.

귀여움
부드러운 인상

고급스러움
우아한 인상

가벼운 느낌은 피하고 스타일은 살렸어!

완벽 정리! 일러스트 조정

목적에 맞는 일러스트를 잘 골랐어도, 막상 배치해보면 어쩐지 겉도는 느낌을 지우기 어려울 때가 있다. 일러스트가 전체 디자인에 자연스럽게 녹아들도록 결을 정돈하는 것 또한 놓쳐서는 안 될 부분이다. 이번에는 디자인 완성도를 높이기 위한 일러스트 조정 포인트를 알아보자.

● 색감을 맞추자

일러스트를 활용할 때는 주변 색이나 테마 컬러와 어울리도록 조정하자. 색감을 통일해야 이질감이 줄어들면서 전체적인 완성도가 높아진다.

일러스트 색이
안 어울려...

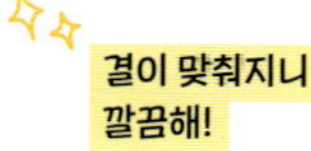

결이 맞춰지니
깔끔해!

● 선 굵기를 통일하자

선 굵기는 특히 놓치기 쉬운 디테일이다. 일러스트를 확대하거나 축소하면 선 굵기가 변하면서 다른 요소
와 동떨어져 보일 수 있다. 하나의 디자인 안에서는 선 굵기를 맞추는 것이 원칙이다. 일러스트를 활용할
때는 조금이라도 눈에 걸린다면 지나치지 말고 조정하자.

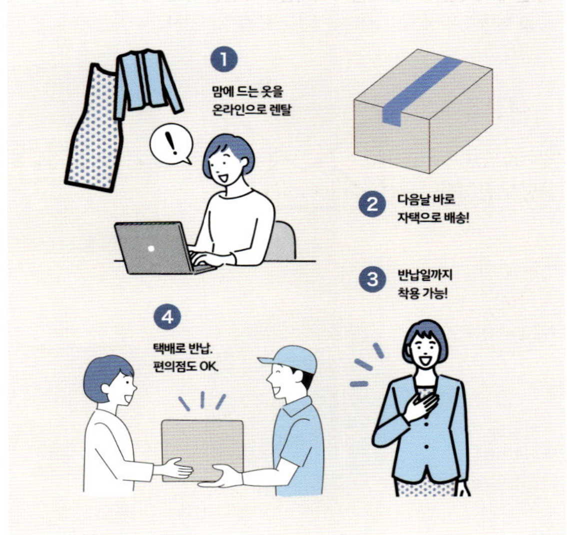

선 굵기가 들쭉날쭉해…

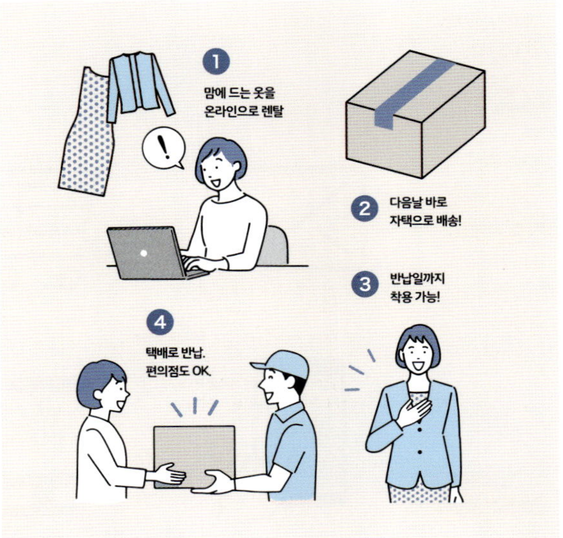

선 굵기를 맞추니
어색함이 사라졌어!

 ## 스타일을 맞추자

일러스트는 반드시 서로 **스타일**을 맞추자. 기획서나 랜딩 페이지처럼 정보량이 많을 때도, 전체적으로 일관성을 지키려면 스타일을 맞추는 것이 중요하다.

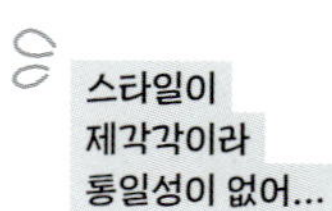

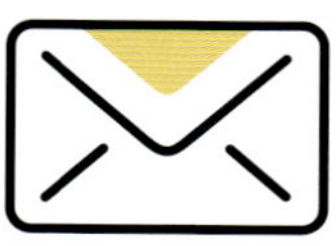

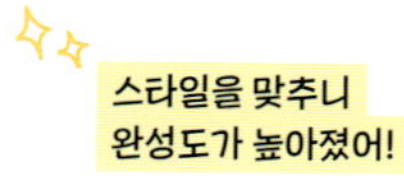

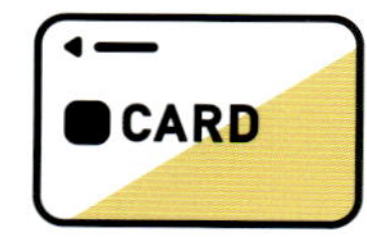

● 비슷한 스타일끼리 조합하자

모든 일러스트 소스를 한 시리즈에서 구하기 어려운 경우도 있다. 그럴 때는 표현 기법이 비슷한 일러스트를 조합하면 이질감 없이 자연스럽게 어울린다.

스타일이 다르니 어색해...

after

스타일을 맞추니 깔끔해!

일러스트 활용 아이디어 노트

일러스트를 막상 어디에 어떻게 써야 할지 막막하다면, 자주 쓰이는 일러스트 활용 아이디어를 살펴보며 방향을 잡아보자. 지금부터 소개하는 응용 포인트를 기억해두면 작업에 유용한 힌트를 얻을 수 있을 것이다.

● 주인공은 하나면 된다

컨셉에 맞는 **주인공 일러스트**를 하나만 골라 가운데에 배치하면, 컨셉이 직관적으로 전달되는 담백한 디자인이 완성된다. 다른 정보는 불필요한 장식을 덜어내고 깔끔하게 구성해야 주인공이 돋보인다. (※ 아래 예시는 위스키 전시회 포스터입니다.)

심플 이즈 베스트!

실루엣으로 묶자

일러스트의 실루엣으로 연관된 요소를 한데 묶으면 내용이 시각적으로도 이해하기 쉬워진다. 전단이나 메뉴판같이 정보량이 많을 때 추천하는 방법이다. (※ 아래 예시는 식당 메뉴판입니다.)

\Point / 실루엣을 제대로 활용하는 법

1. 실루엣만으로도 알아보기 쉬운 모티프를 선택하자.
2. 테두리뿐만 아니라 색을 채운 컬러 실루엣도 효과적이다.
3. 여러 개를 활용할 때는 반드시 스타일을 맞추자.

내용이 한눈에 들어와!

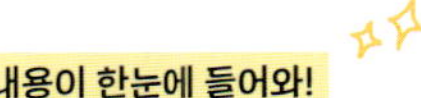

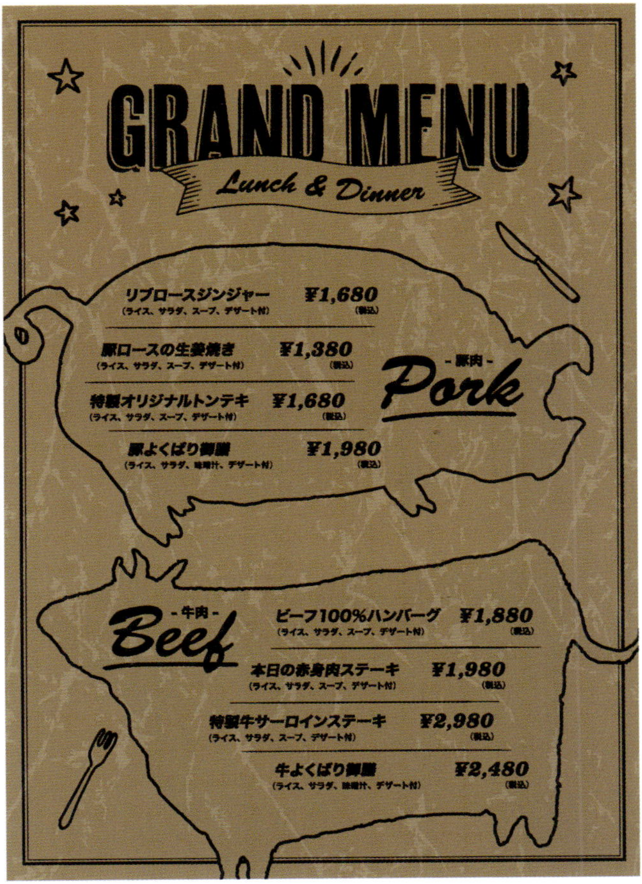

● **불규칙하게 배치하자**

일러스트를 규칙성 없이 흩뿌리듯 배치하면 리듬감이 생기면서 경쾌해진다. 지면에 재미와 활기를 더해주니 다양한 디자인에 활용하기 좋다. (※ 아래 예시는 캠핑용품 전시회 포스터입니다.)

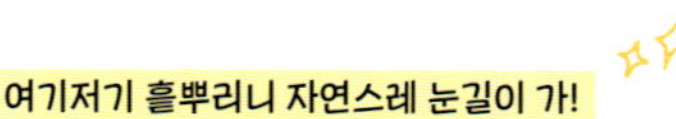

\ Point / 불규칙 배치의 기술

❶ 일러스트의 색은 적을수록 깔끔하다.

❷ 무질서 속에서도 무게중심과 여백의 균형을 미세하게 조정하면 완성도가 높아진다.

❸ 공간의 확장성을 연출하고 싶다면, 일러스트를 틀 밖으로 벗어나도록 배치해보자.

배경에 일러스트를 채우자

배경이 허전해 보이거나 내용이 적어서 레이아웃이 어렵다면, **일러스트를 배경에 가득 채우는 방법**을 활용해보자. 테마 일러스트를 패턴처럼 깔기만 해도 눈길을 끄는 매력적인 디자인이 된다. 다른 요소는 빈 공간에 심플하게 배치해야 서로 대비를 이루면서 시선이 집중된다. (※ 아래 예시는 매장 공사 안내문입니다.)

일러스트로 배경을 채우는 간단한 응용법!

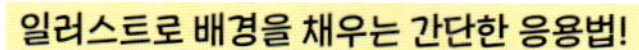

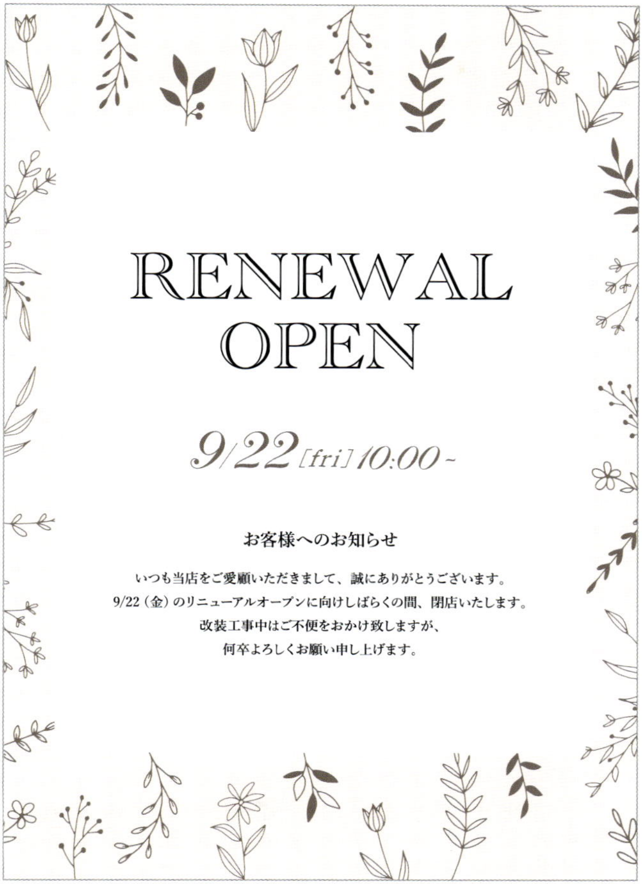

RENEWAL
OPEN
9/22[fri]10:00~
お客様へのお知らせ
いつも当店をご愛顧いただきまして、誠にありがとうございます。
9/22（金）のリニューアルオープンに向けしばらくの間、閉店いたします。
改装工事中はご不便をおかけ致しますが、
何卒よろしくお願い申し上げます。

\Level Up/ 일러스트로 배경 만드는 법

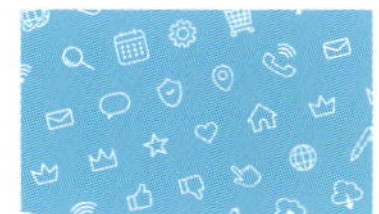

규칙적 배열

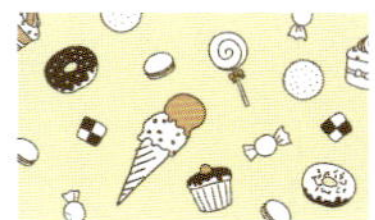

무작위 배치

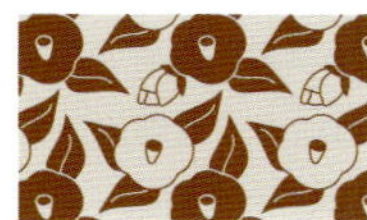

패턴

내용으로 시선이 갈 수 있도록 배경 일러스트에는 색을 최소한으로 쓰자.

● 간결한 포인트로 활용하자

텍스트 위주 디자인이 허전하거나 단조롭다면, 포인트로 일러스트를 가볍게 얹어보자. 어디까지나 조연 역할로 활용하는 것이 핵심이다. 일러스트 장식이 강조 효과를 내면서 선명한 인상을 만든다. (※ 아래 예시는 결혼 피로연 메뉴판입니다.)

선화로 장식하니 멋스러워!

\Point / 일러스트 장식의 기술

❶ 색을 적게 사용할수록 자연스럽게 어우러진다.

❷ 일러스트 스타일은 반드시 컨셉에 어울리는 것으로 선택한다.

❸ 일러스트를 너무 많이 넣으면 산만해질 수 있다.

● 일러스트를 여기저기 곁들이자

버튼이나 소제목, 말풍선 등에 일러스트를 곁들이면 개성적인 표현을 만들어 낼 수 있다. 일러스트는 설득력을 높이고 시선을 붙잡는 포인트가 되며, 사소한 차이만으로도 디테일의 매력이 한껏 살아난다.

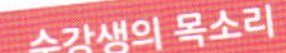

글상자에 곁들이기

버튼에 곁들이기

소제목에 곁들이기

말풍선이나 배지에 곁들이기

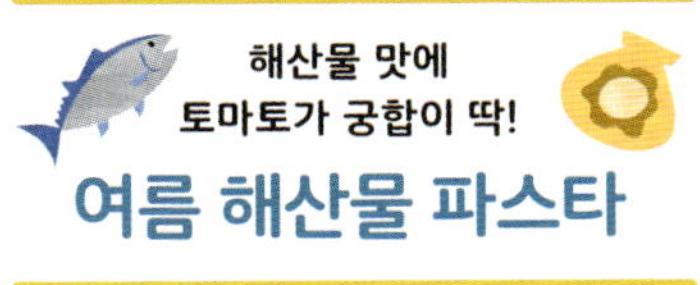

제목에 곁들이기

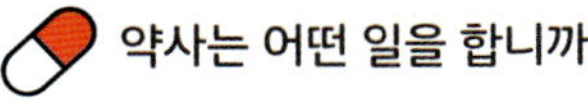

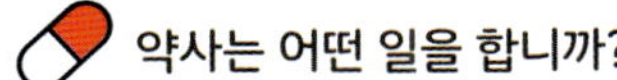

리스트에 곁들이기

제작 MEMO

● 일러스트에도 완급 조절이 필요하다

전단이든 웹사이트든 강조하고 싶은 곳에만 일러스트를 사용해야 자연스럽게 포인트 효과가 높아진다. 완급 조절을 고려해서 꼭 필요한 위치에 전략적으로 활용하자.

사진에 곁들이자

사진에 일러스트 장식을 더하면, 둘의 대비가 독특한 분위기를 만들어 내면서 디자인에 위트를 더해준다. 사진의 경직된 분위기를 부드럽게 풀거나 이미지를 반전시키고 싶을 때, 혹은 포인트 요소로도 유용하다.
(※ 아래 예시는 베이커리 팝업 매장 안내문입니다.)

일러스트 효과로 인상이 부드러워졌어!

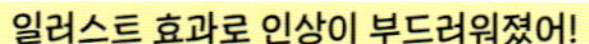

\ Point / 사진에 어울리는 일러스트 고르는 법

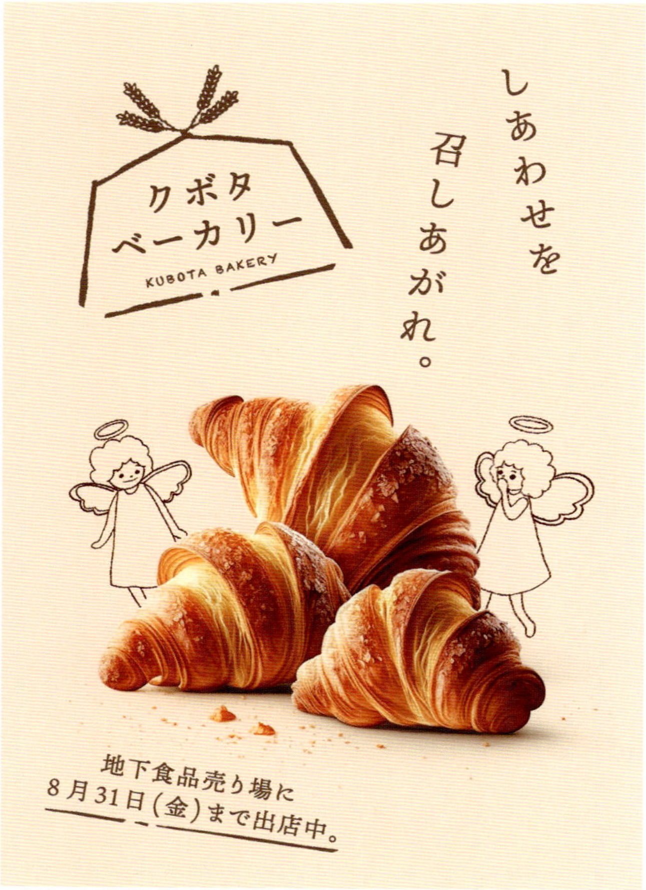

1. 사진과의 차이를 부각하고 싶다면 심플한 일러스트를 선택하자.
2. 사진과 같은 계열 색이나 무채색 일러스트를 활용하면 일체감이 강해진다.
3. 단색 일러스트가 활용하기 쉽다.

일러스트의 무한한 가능성!

자유형 사진에 손그림 일러스트를 곁들이면 자연스러운 여유가 감돈다.

일러스트로는 비현실적인 표현도 얼마든지 가능하다. 글자와 일러스트를 조합해 독특한 세계관을 연출해보자.

제목을 강조하기 위해서 일러스트로 감싸듯 배치했다. 일러스트는 주인공을 빛내주는 조연 역할도 톡톡히 해낸다.

작업에 유용한 소스 사이트

디자인의 퀄리티를 높이기 위해서는 고품질의 사진과 일러스트를 빼놓을 수 없다. 작업에 사용하기 좋은 이미지 소스 사이트를 몇 군데 모아두었다. 이 책에서도 아래 사이트의 소스를 이용하여 디자인했다.

사진 AC — https://www.photo-ac.com/

일본 최대 규모의 소스 사이트.
일본에서 촬영한 사진이 많고, 모델도 일본인 위주다. 자료가 풍부해서 활용도가 매우 높다.

Pixabay — https://pixabay.com/ko/

자료의 양이 압도적인 소스 사이트.
모델은 주로 외국인이지만, 풍경이나 텍스처 등 고품질 소스를 폭넓게 갖추고 있다.

일러스트 AC — https://www.ac-illust.com/

매력적인 일러스트레이터의 작품을 다채롭게 갖춘 사이트. 매일 새로운 일러스트가 업데이트되며 자료 개수도 많다. 원하는 스타일을 찾기 쉽다.

Freepik — https://kr.freepik.com/

고품질 벡터 소재와 디자인 템플릿 등을 제공하는 사이트.

Adobe Stock — https://stock.adobe.com/kr/

사진뿐만 아니라 일러스트 같은 벡터 자료도 다양하게 제공한다. 기본적으로 유료지만 일부 무료 소스도 있고 대체로 품질이 높다. 어도비 프로그램과 연동하기 편리한 것도 장점이다.

<사이트 이용에 관한 주의사항>
위의 사이트에서 제공하는 소스는 대부분 상업적 이용이 가능하다. 다만 소스나 크리에이터에 따라 이용 범위가 제한되거나 별도의 규정이 있을 수 있다. 이용 전 사이트 규정을 반드시 확인하고, 불분명한 사항이 있다면 운영자에게 문의하는 등 사용자의 책임 하에 이용해야 한다.

한눈에 알아보는 그래프와 차트

그래프와 표의 스트레스를 덜자

그래프나 표처럼 숫자와 데이터가 가득한 비주얼은 그 자체로 보는 사람을 피곤하게 한다. 그러니 그래프와 표를 쓸 때는 최대한 단순화해서 스트레스를 줄여야 한다. 또한 핵심 정보가 무엇인지 바로 알아보도록 위계를 주는 것도 중요하다. 정보가 곧바로 머리에 들어오는 그래프와 표의 단순화 포인트를 알아보자.

● 원형 그래프 디자인

원형 그래프는 전체에서 각 항목이 차지하는 비중이나 점유율을 나타낼 때 사용한다. 그런데 항목이 지나치게 세분화되어 있으면, 각 항목의 크기 비교가 어려워져서 가독성을 해치는 원인이 된다. 핵심 포인트에 시선이 집중되도록, 불필요한 항목은 다른 항목과 합치거나 과감히 삭제해서 눈의 피로도를 낮추자.

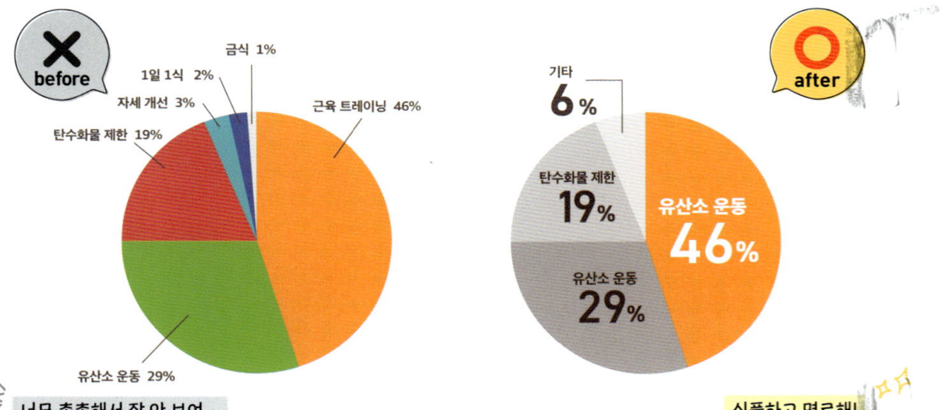

(!) 여기에 주목

- 색은 1색 + 무채색과 같이 최소한으로 사용한다.
- 항목 이름은 원 안에 넣어야 깔끔하다.
- 강조할 부분에만 강조 효과를 준다.
- 지시선 각도는 0도, 45도, 90도, 세 가지로 통일한다.

\Level Up/ 활용도 만점! 원형 그래프 응용법

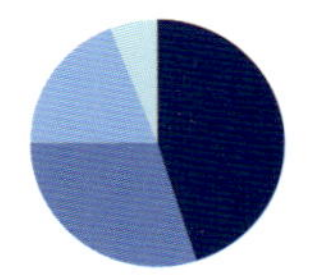

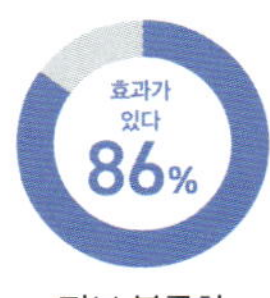

작은 차이만으로 보기 쉬운 그래프가 된다. 깊이 생각하지 않아도 요점을 바로 알아볼 수 있도록 배려하자.

● 막대그래프 디자인

막대그래프는 크기를 비교할 때 적합하다. 막대그래프 항목 순서에는 정해진 규칙이 없으니, 크기순이나 시간순 등 정보의 성격에 따라 이해하기 쉬운 순서로 나열하자. 군더더기는 덜어내고 색은 2가지 정도로 줄여서 중요한 항목을 강조하면 전달력 높은 그래프가 완성된다.

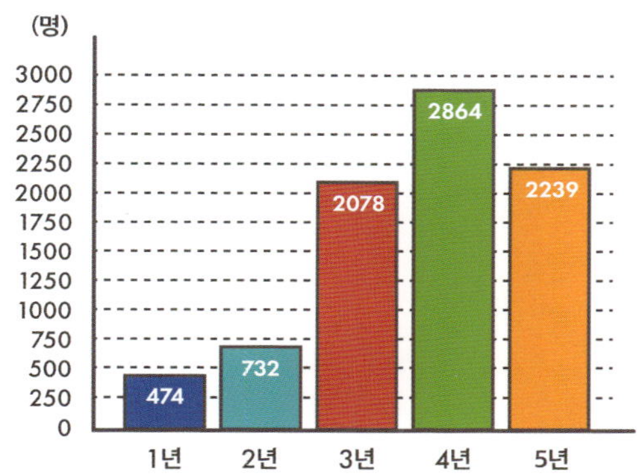

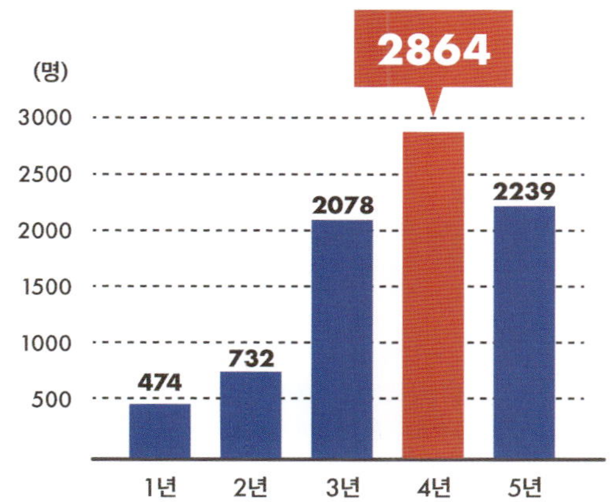

! 여기에 주목

- 불필요한 눈금은 생략한다.
- 막대 테두리는 없는 편이 깔끔하다.
- 막대 두께는 알맞게 설정하고, 간격은 두께의 50% 정도로 하면 균형이 맞는다.

\Point/ 가로 막대그래프 활용법

① 항목 이름이 길 때는 가로 막대그래프가 적합하다.

② 항목을 크기순으로 나열하면 이해하기 쉽고 보기도 좋다.

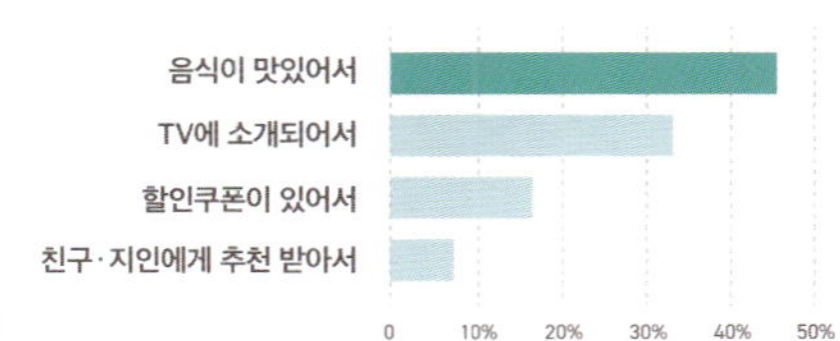

꺾은선 그래프 디자인

꺾은선 그래프는 선의 기울기로 변화 폭이나 수치의 추이를 표현하기 좋고, 더 나아가 경향성 분석에도 유용하다. 선이 복잡하게 얽히면 직관성이 떨어질 수 있으니, 완급 조절을 통해 요점을 명확히 강조하자.

before

무슨 말을 하고 싶은지 모르겠어...

after

포인트를 바로 알아보겠어!

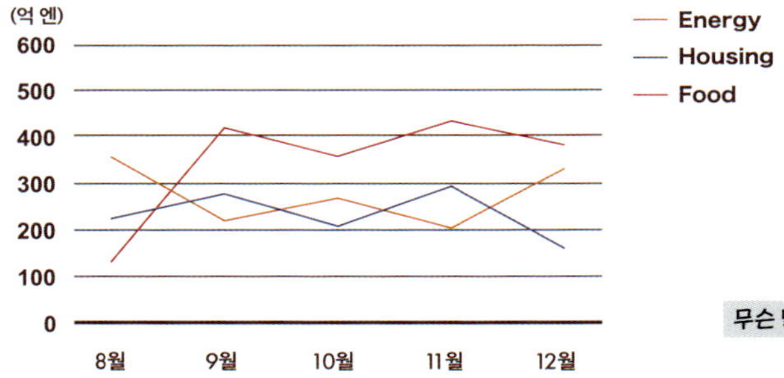

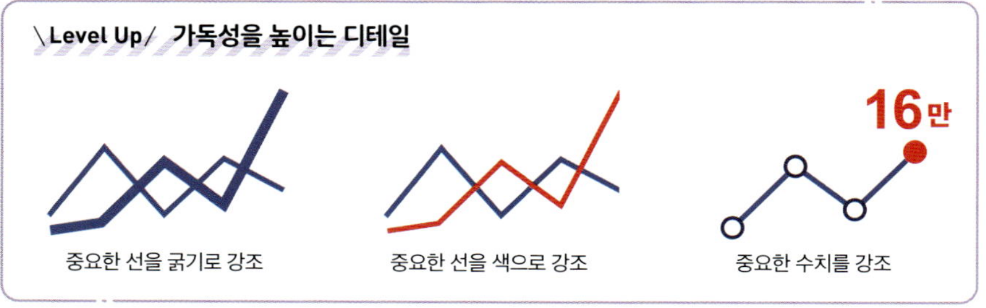

여기에 주목

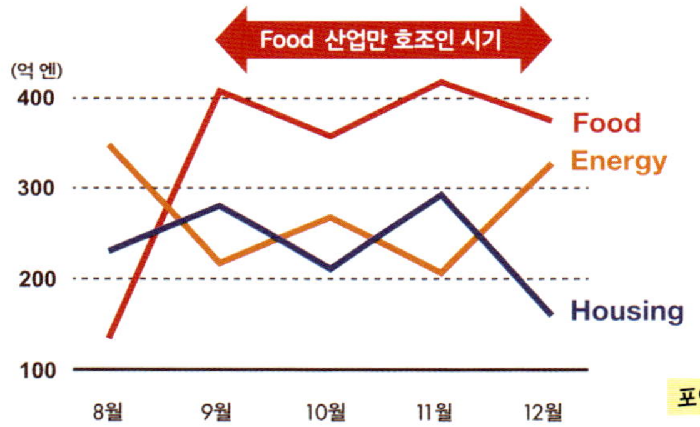

- 그래프의 높이와 스케일은 정보에 맞춰 설정한다.
- 기준선과 그래프 선은 확실히 구분한다.
- 항목 이름에는 그래프 선과 동일한 색을 사용한다.
- 강조할 점은 따로 설명하거나 눈에 띄게 표현한다.
- 변동 폭을 강조할 때는 반드시 0점을 시작점으로 하지 않아도 된다.

\Level Up/ 가독성을 높이는 디테일

중요한 선을 굵기로 강조

중요한 선을 색으로 강조

중요한 수치를 강조

● 표 디자인

표는 그 특성상 정보량이 많아서 보는 사람의 피로도를 높이기 쉽다. 하지만 여백을 넉넉히 두고 불필요한 선을 생략하면 답답함이 해소되면서 한층 깔끔해진다. 발표 자료나 상세페이지처럼 시각적 효과가 중요할 때는, 단순한 정보 나열에서 그치지 않도록 중요한 부분에 과감하게 힘을 싣자.

	신규 플랜	기존 플랜 A	기존 플랜 B
월정액 요금	¥9,800(세금 포함)	¥10,800(세금 포함)	¥12,800(세금 포함)
교환	○	×	×
배송 매수	3매/월	2매/월	3매/월
대응 사이즈	XS ~ XL	S ~ L	XS ~ XL

답답하고 성의 없어 보여...

	신규 플랜	기존 플랜 A	기존 플랜 B
월정액 요금	¥9,800(세금 포함)	¥10,800(세금 포함)	¥12,800(세금 포함)
교환	○	×	×
배송 매수	3매/월	2매/월	3매/월
월정액 요금	XS ~ XL	S ~ L	XS ~ XL

요점이 분명하고
인상도 깔끔해!

(!) 여기에 주목

- 배색의 난이도가 높아지지 않도록 색은 최소한으로 사용하자.
- 항목 이름 칸 외에는 배경을 흰색으로 해야 간결하고 명료하다.
- 중요한 항목은 색이나 글자 크기로 강조하자.

\Level Up/ 표 디자인의 기본 테크닉

기능	Standard	Pro
태그 라벨	●	●
얼굴 캡처	×	●
랭킹	●	●
나만의 맞춤	×	●

줄무늬 배색으로 선 생략

카고 바지	¥8,150
스웨터	¥5,300
베스트	¥17,200
핸드백	¥114,300

숫자는 오른쪽 정렬

작업	중요성	상태
LP 디자인	중(中)	완료
LP 코딩	중(中)	진행중
품 개수(수정)	고(高)	미착수
메일 매거진	저(低)	미착수

배경색으로 강조

보이는 차트를 만드는 방법

글로 나타내기 어려운 흐름이나 공정은 차트로 보여주는 것이 효과적이다. 직관적인 차트의 핵심은 불필요한 요소를 생략하고 심플하게 정리하는 것이다. 또한 전단이나 웹사이트에 사용할 때는 겉모습도 중요하다. 차트 디자인이 어설프면 상품의 질까지 낮아 보일 수 있으니, 이해하기도 좋고 보기에도 좋은 차트를 만들자. 이 책에서는 차트를 도형, 화살표 등으로 현상의 흐름이나 상호관계를 나타낸 도표로 정의한다.

● 가로형 차트 디자인

그래프나 표와 마찬가지로, 차트를 만들 때도 군더더기는 덜어내고 단순화하는 것이 기본이다. 흐름은 간결하게 표현하고 심플한 화살표와 도형을 활용하면 보는 사람이 내용에 집중할 수 있다.

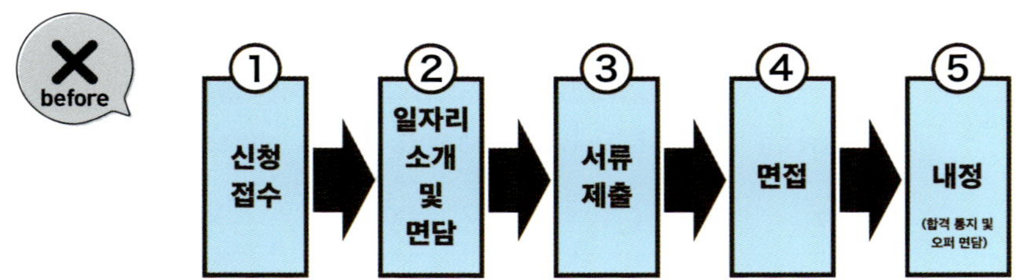

간결하지만 약간 투박해...

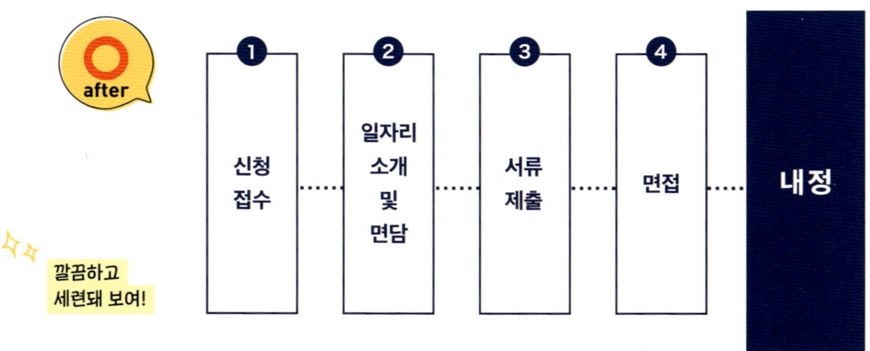

깔끔하고 세련돼 보여!

여기에 주목

- 도형은 색이나 선으로만 표현해야 깔끔하다.
- 공정의 목표나 중요 포인트가 잘 보이도록 강조하자.
- 여백을 넉넉히 만들어 답답함을 해소하자.

목적에 따라 구성을 바꾸자

차트는 디테일을 조금만 다듬어도 인상이 확연히 달라진다. 디테일의 방향에 따라 간결함이 극대화될 수도, 메시지가 선명해질 수도 있다. 상황과 목적에 따라 구성을 맞추는 것이 중요하다.

화살표 하나 하나의 화살표로 흐름을 나타내면 간결하고 명료하다.

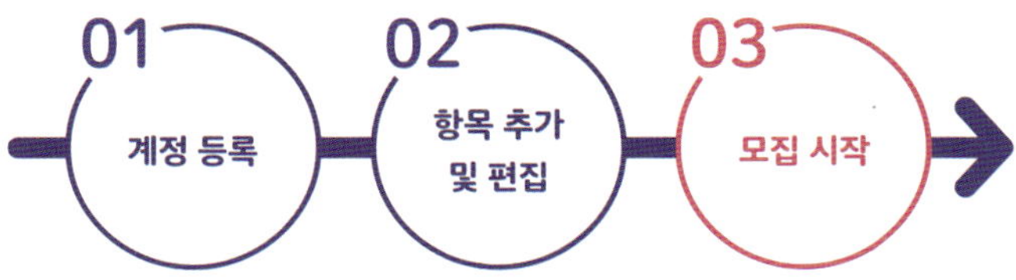

그라데이션 효과 공정의 진행에 따라 점차 색을 진하게 하면 절차가 강조되면서 임팩트가 강해진다.

계단형 구성 진행 과정을 높낮이로 표현하면 이해하기도 쉽고 리듬감도 생긴다.

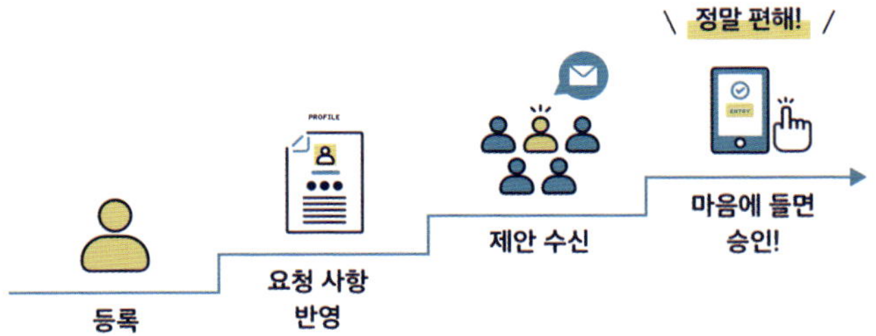

\Level Up/

시간의 길이를 가시화하자

가로형 차트는 왼쪽에서 오른쪽으로 향하는 시간 축을 자연스럽게 연상시킨다. 시간의 길이를 가시화하여 머릿속에 흐름이 그려지도록 돕는 것도 좋은 방법이다.

● 세로형 차트 디자인

가로형 차트에 긴 글을 배치하면 줄 바꿈이 잦아지면서 가독성이 떨어진다. 그럴 때는 **세로형 차트**가 유용하다. 또한 세로형 차트는 단계의 순서나 관계를 일목요연하게 보여주는 특징이 있어서, 위에서부터 순서대로 빠짐없이 진행해야 하는 중요한 절차나 공정을 전달할 때 특히 효과적이다.

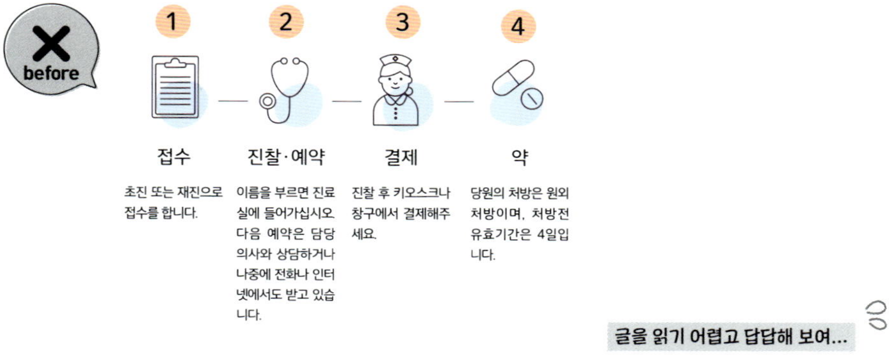

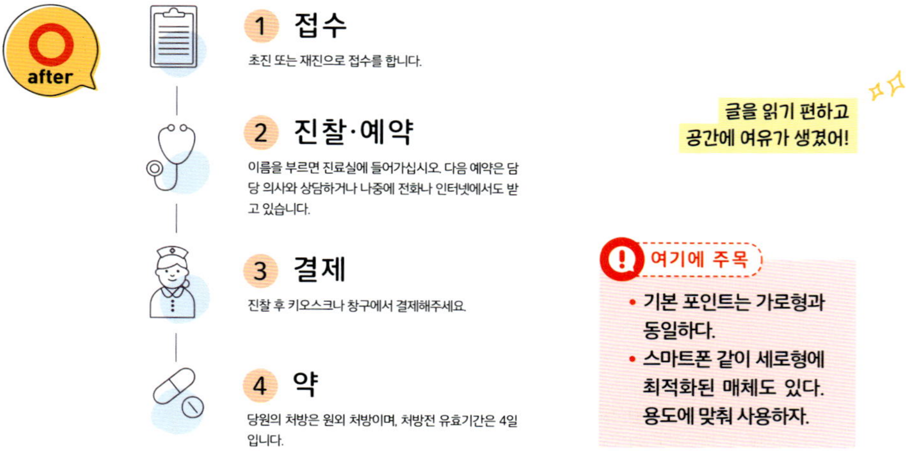

여기에 주목

- 기본 포인트는 가로형과 동일하다.
- 스마트폰 같이 세로형에 최적화된 매체도 있다. 용도에 맞춰 사용하자.

\Point/ 타원은 피하자

차트뿐만 아니라 어떤 디자인에도 타원은 되도록 사용하지 말자. 활용하기도 까다롭고 시각적 안정감이 부족해서 자칫 아마추어 같은 인상을 주기 쉽다. 대신 원이나 사각형을 활용하자.

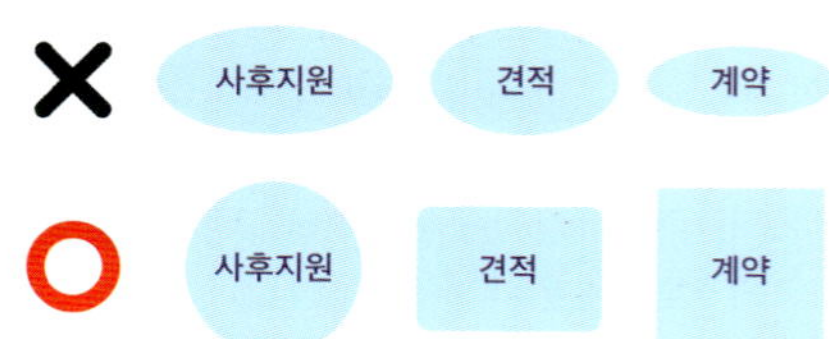

● 순환형 차트 디자인

순환형 차트는 현상의 순환 체계를 표현할 때 주로 사용한다. 특별한 이유가 없다면 순환의 시작점이나 강조할 부분을 왼쪽이나 위쪽에 배치하자. 왼쪽 위에서 오른쪽 아래로 향하는 시선의 자연스러운 움직임과 맞물려 내용의 이해도가 높아진다. 흐름이 직관적으로 그려지도록 아이콘을 곁들이는 것도 좋다.

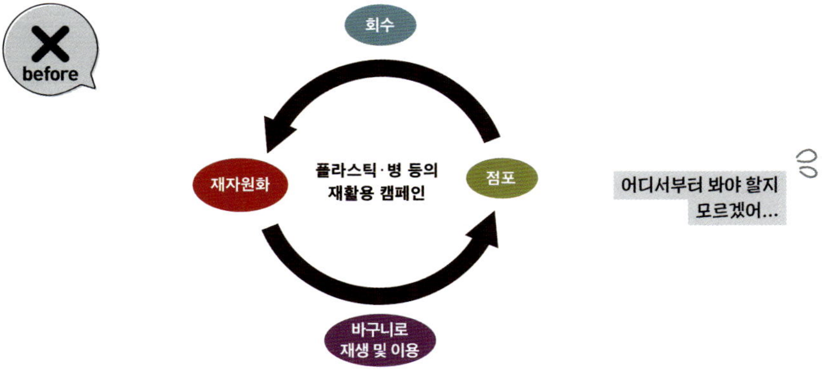

❗ 여기에 주목

- 흐름은 반드시 시계 방향으로 배치한다.
- 시작점을 분명히 강조한다.

- 화살표는 튀지 않도록 가는 선이나 연한 색으로 그린다.

\Point/ 차트의 화살표는 단순하게

차트나 다이어그램에 넣을 화살표는 복잡한 형태를 피하고, 그라데이션이나 지나치게 굵은 선은 사용하지 말자. 화살표의 힘을 빼야 정보가 돋보인다.

그래프와 차트 활용법

그래프와 차트는 업무 보고서나 발표 자료뿐만 아니라 광고 분야에서도 빈번히 사용된다. 상품의 장점이 잘 드러나도록 시각화하거나, 아예 그래프와 차트 자체를 주인공 삼아 상품을 홍보하기도 한다. 광고의 목적에 맞게 정보를 활용하면 상품의 매력이 효과적으로 전달된다. 그래프와 차트의 효과를 극대화하는 활용법을 알아보자.

● 장점을 시각화하자

서비스나 상품을 판매할 때, 근거에 기반한 수치는 놓칠 수 없는 셀링 포인트다. 수치를 디자인에 접목해 장점을 보여주고 싶다면, 글로 구구절절 설명하기보다 그래프를 활용해보자. 장점이 시각적으로 드러나 매력이 쉽게 전해진다.

● 그래프로 시선을 잡자

문서용 그래프는 상세한 데이터가 정확히 읽히도록 만드는 것이 중요하지만, 제품 홍보에 사용하는 그래프는 눈길을 사로잡는 용도로 대담하게 연출해도 된다. 화려한 시각 효과를 이용해 설득력을 높이는 전략도 유효하다.

\Point / 강렬한 그래프를 만드는 비결

❶ 상세한 숫자와 항목은 덜어내고, 보여주고 싶은 내용만 남긴다.

❷ 강렬한 배색과 효과를 적극적으로 활용한다.

❸ 숫자의 가독성이 떨어지지 않도록 유의한다.

● 복잡한 구조는 쉽게 전달하자

제품의 작용 원리나 서비스의 흐름 자체가 강점이라면, 차트를 이용해서 적극적으로 어필하자. 글로 설명하면 복잡하고 따분한 내용도 차트로 풀어내면 이해하기 쉬워진다.

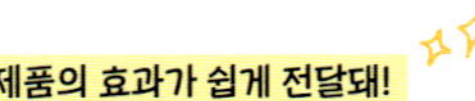

\Point / 광고용 차트의 전달력을 높이는 기술

❶ 글자는 최소한으로 줄이자.

❷ 중요한 요소를 강조해서 이해를 돕자.

❸ 어려운 효과를 넣는 대신 전체 디자인과 분위기를 맞추면 한결 자연스럽다.

● 차트의 틀을 깨자

정형화된 틀에서 벗어나 공간을 넓게 쓰는 방법으로도 차트의 효과를 높일 수 있다. 아래 예시처럼 서비스의 간편함과 낮은 접근성을 강조한다면, 왼쪽에서 오른쪽으로 흐르는 일반적인 차트는 너무 단조롭다. 강약 조절로 흐름을 리드미컬하게 표현해야 매력적이고 기억에도 오래 남는다.

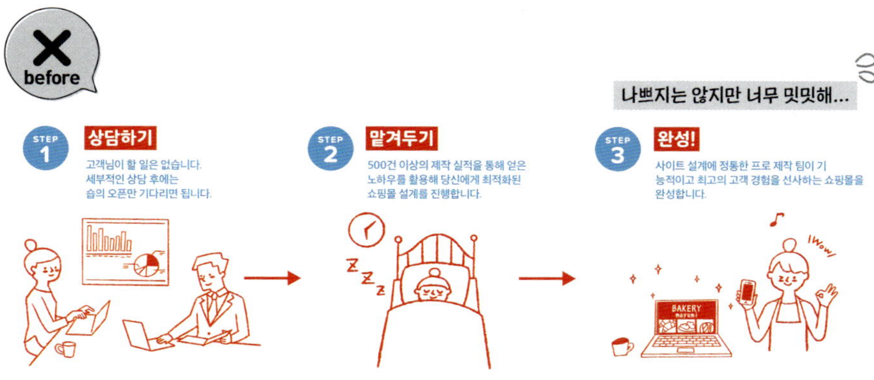

매력 포인트가 경쾌하게 전달되어 인상적이야!

믿고 맡기는, 디자이너가 되자

사실 나는 꽤 심한 곱슬머리라서 파마한 것 같다는 말을 종종 듣는다. 지금은 내 머리를 정말 좋아하지만, 예전에는 어울리는 스타일을 찾지 못해서 헤어 제품과 미용실을 찾아다니느라 제법 고생했다.

특히 늘 믿고 맡기던 헤어 디자이너가 일을 그만뒀을 때는 정말 막막했다. 내 머릿결과 고민을 속속들이 알고 있어서 "알아서 해주세요" 한마디면 언제나 좋은 느낌으로 만들어 주시는, 내게 딱 맞는 분이었다.

오랫동안 디자인 일을 해오며 그때를 자주 떠올린다. '이 사람에게 맡기면 안심이다'라는 신뢰가 없다면 "알아서 해주세요"라는 말은 절대 나오지 않는다. 디자이너 역시 클라이언트에게 그런 존재가 되고 싶은 법이다.

믿음을 주는 디자이너가 되려면 디자인 스킬 이상으로 소통 능력이 중요하다. 클라이언트가 어떤 고민을 안고 있는지 다각도로 귀 기울여야 효과적인 디자인이 나오고, 결과적으로 클라이언트의 만족으로 이어진다.

그렇다고 클라이언트의 요구사항만 쫓아서도 안 된다. 요구를 충분히 반영하되, 그 너머에 있는 소비자에게도 긍정적 평가를 받도록 중심을 잡아야 한다. 실제로 나의 담당 헤어 디자이너가 만들어 준 스타일은 나뿐만 아니라 가족과 친구들에게도 반응이 최고였다. 그러니 전적으로 믿고 맡길 수 있었던 것이다.

디자이너라면 누구나 눈앞의 기술에 매몰되기 쉽다. 하지만 신뢰는 의외로 소통 능력과 문제 해결 역량에서 싹틀 때가 많다.

기술은 경험이 쌓이면 자연스럽게 늘기 마련이다. 기술 너머의 영역까지 놓치지 않고, "알아서 해주세요"라는 말을 듣는 디자이너를 목표로 하는 건 어떨까.

전문가의
장식 레시피

디자인의 매력을 결정짓는 장식

전문가다운 디자인을 만들고 싶다면 장식은 빼놓을 수 없는 존재다. 디자인에서 장식이란 말풍선이나 리본 같은 다양한 꾸밈 요소를 말한다. 디테일을 공들여 다듬거나 이미지를 돋보이게 할 때가 바로 장식이 활약하는 순간이다. 지금부터 대표적인 장식 요소와 활용 기술을 함께 알아보자.

● 활용도 만점, 기본 장식 요소

장식 요소는 종류도 다양하고 활용 방법도 천차만별이다. 그래서 초보 디자이너일수록 무엇을 어떻게 써야 할지 헤매기 쉽다. 우선 폭넓게 활용하기 좋은 기본 요소 6가지를 익혀두자. 이것만 손에 익어도 작업 속도가 눈에 띄게 빨라진다.

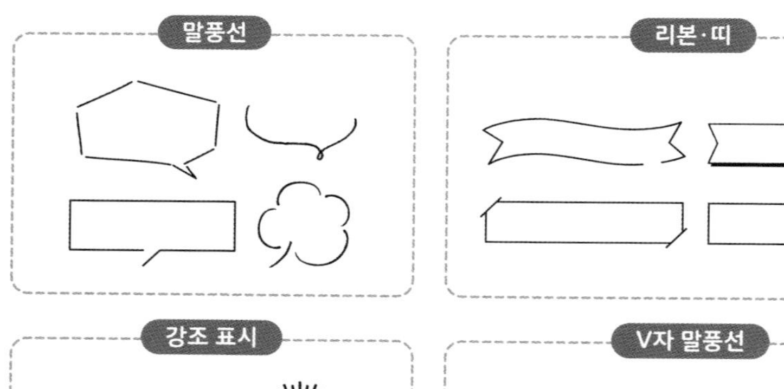

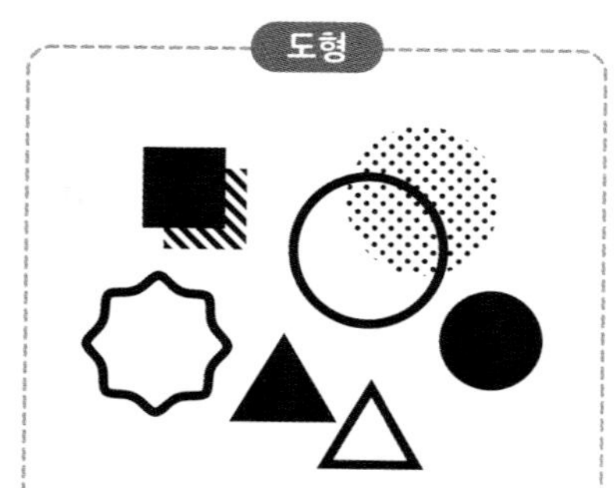

● 제목 주변을 풍성하게

장식의 첫 번째 활용법은 제목 주변을 풍성하게 채우는 것이다. 108페이지에서 설명했듯, 제목을 제목답게 만들기만 해도 디자인 전체의 모양새가 살아난다. 기본 장식 요소만으로도 충분히 제목의 매력을 끌어올릴 수 있다.

말풍선 글자가 많을 때는 말풍선이 편리하다. 형태는 단순한 것으로 선택하자.

V자 말풍선 V자 말풍선은 기본 말풍선보다 조형이 간결해서 어디에나 잘 어우러진다.

강조 표시 강조하고 싶은 글자 위에 점을 찍으면 가장 먼저 눈에 들어온다.

리본 보충 설명이나 소제목에는 리본이나 띠 장식이 정석이다. 포인트 역할로도 손색없다.

\ Point / 장식을 대하는 마음가짐

❶ 기본 장식을 피하지 말자. 개성을 뽐내려다가 오히려 길을 잃기 십상이다.

❷ 장식 요소는 어디까지나 조연이다. 과하게 쓰지 않도록 유의하자.

● 자유롭게 흩뿌리기

도형이나 일러스트를 한 군데가 아니라 전체에 흩뿌려 배치하는 것도 효과적이다. 허전한 느낌을 채우거나 독특한 분위기를 내는 데 특히 유용하다. 다만 장식이 너무 많으면 산만해질 수 있으니 적당히 양을 조절하자.

도형

경쾌하고 활기찬 분위기를 원한다면 컬러풀한 도형을 활용하자.

일러스트·V자 말풍선

제목에 장식을 풍성하게 덧붙이자. 가랜드나 깃발 모양이 잘 어울린다.

비눗방울 느낌

동그라미를 간단히 흩뿌리기만 해도 제법 근사해 보인다.

일러스트로 재미 더하기

일러스트는 컨셉에 맞는 것으로 고르자. 선화 스타일이 활용하기 좋다.

● 패턴으로 깔기

심심한 단색 배경에 변화를 주고 싶을 때는, 기본 도형 패턴으로 근사한 분위기를 만들어 보자. 톤과 대비를 조절하여 은은하게 배경을 채우면 다른 요소와도 잘 어우러진다.

V자 말풍선

제목은 V자 말풍선으로 가볍게 변화를 주자.

도형(패턴)

바둑판무늬를 배경에 깔아 포인트를 줬다. 메인이 되는 요소를 방해하지 않도록 색을 조절하는 것이 요령이다.

강조 표시

카피에 밑줄을 치면 간편하게 제목 느낌을 내면서 강조 효과까지 챙길 수 있다.

도형(패턴)

배경으로 쓰기 좋은 줄무늬는 굵기에 따라 느낌이 달라진다. 굵으면 힘이 생기고, 가늘면 섬세한 분위기가 된다.

\ **Level Up** / **다양한 장식 배경**

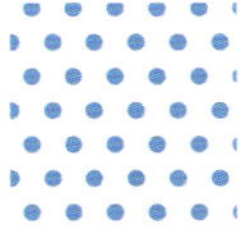

도트 패턴

세로줄 무늬

가로줄 무늬

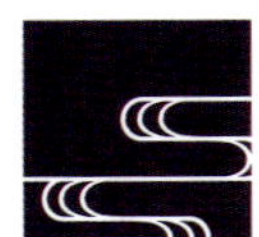

전통 문양

만능 장식! 문자·선·프레임

기본 요소에 익숙해졌다면 장식의 폭을 넓혀보자. 평소 무심코 쓰던 선과 글자도, 관점만 바꾸면 훌륭한 장식 요소로 거듭난다. 평범한 쓰임새에서 벗어난 센스 있는 장식 노하우를 엄선해 담았다. 이 책 곳곳에도 장식 요소의 활약상이 담겨 있다.

● 글자 장식

글자는 디자인의 완성도를 높여주는 유용한 도구다. 세련된 이미지를 만들거나 가볍게 여유를 더하는 등 장식 요소로 폭넓게 활용할 수 있다. 여기서는 대표적인 글자 장식 활용법을 간단히 소개한다. 일상 속 디자인에서도 흔히 접할 수 있으니 주변을 유심히 관찰해보자.

\Point / 글자 장식의 요령

❶ 감각적인 이미지를 원한다면 알파벳을 추천한다.

❷ 장식용 글자는 분위기가 우선이다. 반드시 뜻이 통할 필요는 없다.

글자는 만능이다!

작은 글자를 양옆으로 나란히 배치하면 세련된 느낌을 준다. 위아래 혹은 대각선으로 마주 보게 두어도 안정적이다.

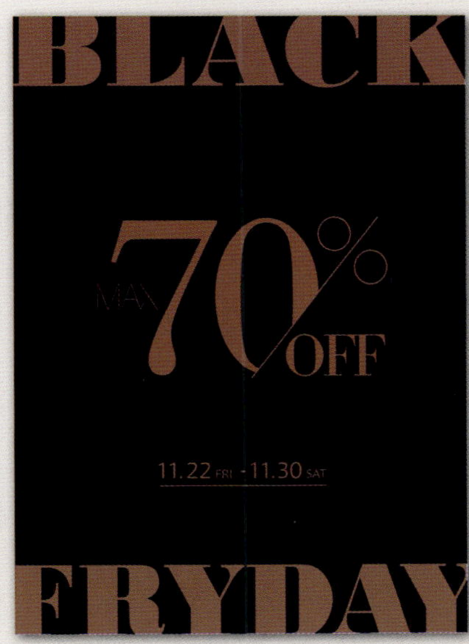

위아래나 양옆을 큰 글자로 대담하게 장식하면 임팩트가 커진다. 글자가 일부 잘려나가도록 배치해야 균형이 제대로 잡힌다.

피사체의 윤곽을 따라 글자를 배치하는 기법이다. 인상적이면서도 여유로운 분위기를 연출할 수 있다.

● 선 장식

고작 선이라고 얕보지 말자. 선은 요소를 구분 지어줄 뿐만 아니라, 디자인을 풍부하게 만들고 포인트 역할을 하는 등 장식 요소로 손색이 없다. 조금 더 꾸미고 싶지만 과한 장식은 부담스럽다면 선을 적극적으로 활용해보자.

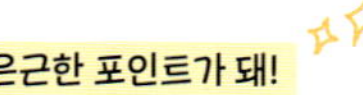

\Level Up/ 다채로운 선 장식 선의 세계는 무궁무진하니, 분위기에 맞춰 자유롭게 선택하자!

● 대표적인 선 활용법

선은 심플한 만큼 범용성이 뛰어나고, 응용 방법에 따라 다양하게 표현된다. 특히 선은 필요한 곳에만 포인트로 사용할 때가 많고, 작은 변화만으로도 단번에 짜임새가 탄탄해진다. 평소 눈에 띄는 디자인을 참고하여 자기만의 선 활용법 주머니를 채워 나가자.

글자나 요소 사이

수많은 이의
즐거운 목소리가
전해지고 있습니다.

골드 회원 한정

SALE

MAX50%OFF

밑줄로 포인트

NEW!

vol.01

※ 일부 제외 상품 있음

위아래로 나란히

특별한 기술이 없어도 온라인 숍을 만들 수 있습니다. 템플릿을 이용해 항목을 채우기만 하면 원하는 온라인 매장을 만들 수 있습니다.

TOKYO
ART
EXHIBITION
20XX

제목의 포인트 장식

전통 있는 스포츠웨어
개발 기술을 집약한 브릴리언트
캐주얼한 옷차림 뿐만 아니라, 품위 있는 분위기의 고기능 다운 코트

STANDARD

업무에 필요한 필수 기능과
최우선 기능 지원

● 프레임 장식

프레임은 얹기만 해도 디자인의 완성도를 단번에 높여준다. 전체를 감싸 일체감을 주거나 독특한 분위기를 연출할 때도 프레임은 유용하게 쓰인다. 부분적으로 제목이나 개별 요소에 사용하기도 편리하다.

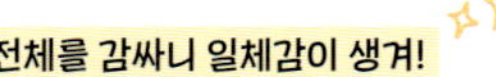

\Point / 실패 없는 프레임 활용법

❶ 컨셉에 맞는 디자인을 선택하자.

❷ 프레임은 어디까지나 조연이므로 단순한 형태일수록 사용하기 편하다.

❸ 프레임을 너무 많이 쓰지 않도록 주의하자. 한 디자인에 하나가 적당하고, 많더라도 2개를 넘기지 않는 것이 좋다.

프레임으로 매력을 끌어올리자!

가장자리를 따라 테두리를 두르는 프레임 기법. 멋스러운 이미지를 손쉽게 연출할 수 있다.

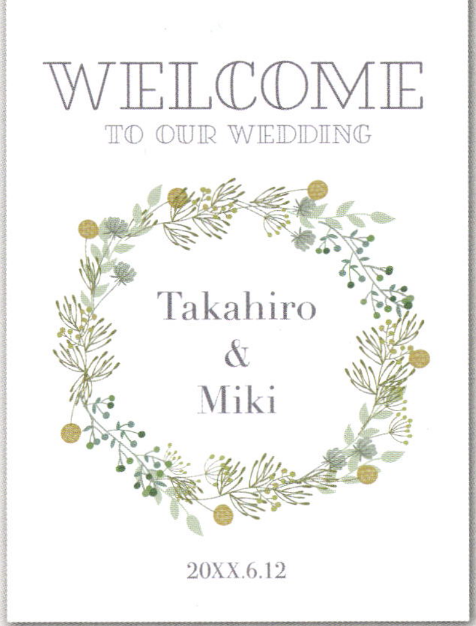

일러스트 프레임은 포인트 역할로도 유용하다. 테마에 어울리는 일러스트를 활용하면 고유한 분위기를 표현할 수 있다.

제목을 프레임으로 감싸면 무게감이 실린다. 여기에 질감이나 패턴을 깔기만 해도 레이아웃이 완성된다.

 이미지별로 포인트를 정리해두자

디자인 업무를 하다 보면 '스타일리시한 느낌으로', '신뢰감을 주는 진중한 이미지로', '귀여운 느낌으로'와 같이 분위기나 뉘앙스로 의뢰를 받을 때가 있다. 분위기를 만드는 포인트는 사진과 서체, 배색, 여백 활용법 등 곳곳에 숨어 있다. 이런 포인트를 미리 파악해두면 어림짐작으로 작업하는 것에 비해 효율이 압도적으로 높아진다.

114페이지의 칼럼 '디자인을 많이 접하자'에서 강조했듯, 평소에 많은 작업물을 관찰하고 각 컨셉별 특징과 포인트를 정리하는 습관을 들이자. 요청사항을 듣자마자 관련된 포인트가 떠오르기까지는 경험이 필요하지만, '이렇게 하면 귀여운 느낌이 나는구나'라며 필요할 때 바로 꺼내 쓸 수 있도록 자료를 모아두면 큰 힘이 된다.

예시: 비즈니스 느낌의 이미지 만들기

직선 위주의 구성으로 진지하고 성실한 분위기 연출

源ノ角ゴシック
ヒラギノ角ゴ　　Helvetica

신뢰와 지성이 느껴지는 파란색 계열 & 모노톤 배색　　서체는 개성이 적은 클래식 계열 활용

분위기를 살리는 기하학적 장식　　비즈니스를 연상시키는 사진 선정

마무리하며

집필을 시작하기 전에는 "지금까지 쌓아온 경험 속에 책으로 엮을 만큼 많은 주제와 노하우가 있을까?"라며 반신반의했었다. 그런데 막상 시작하고 보니 "이건 알고 있으면 유용해. 실무에 접목하기 좋으니 이것도 추가하자!"라며 이야기가 쏟아져 나왔고, 결국 한 권으로 정리하기 위해 핵심만 골라내는 작업을 수없이 거쳐야 했다.

또한 단순히 작업 요령을 설명하는 데 그치지 않고, 디자인 예시와 응용 아이디어 등 곧바로 적용할 수 있는 실전 디테일까지 최대한 많이 실었다. 그러한 결과 디자인의 기본부터 실무에 바로 녹여낼 수 있는 세심한 활용 기술까지 알차게 눌러 담은 디자인 책이 완성되었다.

끝으로 이 자리를 빌려, 이 책을 만들 기회를 주시고 집필 중에도 따뜻하게 격려해주신 오마에 씨, 언제나 나의 고집을 기꺼이 받아주신 오카노 씨, 그리고 이 책의 출판에 함께해주신 모든 분에게 고마운 마음을 전한다.

작업의 고민을 안고 있는 디자이너들에게 이 책이 작은 도움이 되기를 간절히 바란다. 마지막까지 읽어주신 분들에게 진심으로 감사드린다.

기무라 히로아키

[참고도서]

『ノンデザイナーズ・デザインブック』Robin Williams（マイナビ出版）

『デザイン入門教室』坂本伸二（ソフトバンククリエイティブ）

『なるほどデザイン』筒井美希（エムディエヌコーポレーション）

『文部科学省後援 AFT 色彩検定公式テキスト 2級編』（内閣府認定 公益社団法人 色彩検定協会）

『文部科学省後援 AFT 色彩検定公式テキスト 3級編』（内閣府認定 公益社団法人 色彩検定協会）

『とりあえず、素人っぽく見えないデザインのコツを教えてください！』ingectar-e（株式会社インプレス）

『デザイン解体新書』工藤強勝（ワークスコーポレーション）

『実例付きフォント字典』（パイ インターナショナル）